中國傳統 經典與解釋

Classici et commentarii

U0331031

經典與解釋

中國傳統 經典與解釋

入其國，其教可知也……其
爲人也：溫柔敦厚而不愚，則深
於《詩》者也；疏通知遠而不
誣，則深於《書》者也；廣博易
良而不奢，則深於《樂》者也；
絜靜精微而不賊，則深於《易》
者也；恭儉莊敬而不煩，則深於
《禮》者也；屬辭比事而不亂，
則深於《春秋》者也。

——《禮記·經解》

中國傳統 經典與解釋
Classici et commentarii

典籍校釋

劉小楓 周春健 ● 主編

帝學校釋

［宋］范祖禹 ● 撰　　陳曄 ● 校釋

華東師範大學出版社

華東師範大學出版社六點分社　策劃

出版説明

　　晚清以降，西學入華，華夏道術分崩離析，我國學術和文教制度經歷了史無前例的大變局——晚近十餘年"奮不顧身"的現代化使得華夏學術和大學教育的本來面目更爲模糊不清。整頓大學文科、重新鋪展學術的基本格局，已然成爲深化改革開放的重大學術課題乃至新時代的艱巨使命——昇平之世必有文治。

　　文治之始，必基於整理舊故，賡續傳統。華夏文明亙古綿長，經典富贍，如今尤其需要我們加以整理，承前啓後——"典籍校釋"系列志在承接清代學人的學術統緒，進一步推進數百年來學人整理故籍的學術大業，在現代之後的學術語境中重新收拾我們自家的傳統經典。中國古代學術以繹讀經典爲核心和傳統，歷代碩儒"囊括大典，網羅衆家，刪裁繁誣，刊改漏失"的學術抱負和"皓首窮經"的敬業精神，在今天需要我們從自身的語境出發重新發揚光大。

　　百年來，我國學界整理故籍成就斐然，但尚待整理的故籍不在少數，仍需數代學人爲此付出辛勞。本系列着意在兩個方面推進我國的故籍整理：1.點校、注釋的範圍向次級經典擴展，2.以普及古典學術的整理方式整理故籍：繁體橫排，施加現代標點，生僻古字附注拼音，針對難解語詞、人物職官、典章制度、重要事件等下簡明注釋。如今的古籍整理，大多僅點校爲止，如此習慣做法使古書仍然是"古書"，我們的企望是，通過校注使得故書重新成爲當今向學青年的活水資源。

古典文明研究工作坊
中國典籍編注部甲組
2005 年 10 月

目　錄

導言 范祖禹與《帝學》

　　《帝學》八卷，為北宋史學家范祖禹所撰。全書不足三萬字，輯錄了中國古代帝王的崇學事跡，尤其對宋代經筵講讀中的君臣問答多有記錄。對我們今天的學術研究而言，這既是一部帝王問學簡史，也是研究宋代皇帝教育的重要文本。然而，無論是范祖禹本人的著述動機，還是歷代君臣對本書的重視，顯然恰如書名所示，是要探究帝王為學之道，培養合格帝王。四庫全書本《帝學》卷首所載乾隆及其諸皇子題詩①，明確反映了他們心中《帝學》一書的價值所在。後人常將本書與唐太宗《帝範》、張居正《帝鑒圖說》相提並論，充分說明了它在傳統君主教育中的地位。為了幫助讀者更好地閱讀、理解本書，這裡且將一系列相關問題作些說明。

一、范祖禹家世、仕宦與學術

　　范祖禹（1041-1098）字淳甫（又作淳父、淳夫），一字夢得②，

---

① 參見本書附錄一。
② 《宋史》卷三三七《范祖禹傳》載："其生也，母夢一偉丈夫被金甲入寢室，曰：'吾漢將軍鄧禹'。既寤，猶見之，遂以為名。"（中華書局1977年版，第10794頁）

　　成都華陽(在今四川成都)人。其父范百之(又作百祉),寶元元年(1038)進士,官太常博士。范祖禹所屬的“華陽范氏”是北宋四川地區著名的世家望族,所謂“國朝幾名家,在蜀蘇與范”①,華陽范氏與眉山蘇氏同有盛名。《氏族譜》稱贊說:“蜀父子兄弟登科至聯四世,諸子登科世又掌絲綸,人共推范氏,論其世德,皆有傳。”②除了科舉仕途上頗有成就,華陽范氏注重學術傳承亦為人所稱道,范祖禹自己將其描述為:“唯我范氏,陶唐之裔,自蜀成都,世以儒顯。”③其族中學者輩出,是宋代四川學術家族的典範。④

　　范祖禹出生於這個家族奠定其聲望的發展期。盡管他不幸父母早逝,卻在叔祖范鎮、叔父范百祿的照顧下,受到了良好的教育。范鎮(1008-1089)字景仁,與范祖禹之父同為寶元元年進士,官至翰林學士。從官職上看,范鎮並未躋身宰執,但是在當時士大夫圈中他具有頗高的聲望,是華陽范氏興起的關鍵人物。時人評論說:“公妙齡起於華陽,風流文彩,相如、子昂;及為從官,而慷慨議論,揚雄、李固不足以比。方使中州之豪傑視蜀青衿之子而不敢詆慢者,由公為之主張。”⑤范祖禹十三歲起便寄居其家⑥,甚為范鎮所看重。范鎮曾言:“此兒,天下士也”,讓自己的兒子以為楷模⑦,又“延譽於公卿之間”,幫助范祖禹建立聲譽。此外,范祖禹亦從叔父范百祿學。百祿(1030-1094),字子功,嘉祐二年

①　趙藩:《淳熙稿》卷四《范湘監務許惠其父盤溪居士詩先往數語焉》,文淵閣四庫全書本。

②　周復俊:《全蜀藝文志》卷五三《氏族譜·范氏》,文淵閣四庫全書本。

③　范祖禹:《范太史集》卷四四《資政殿學士范公(百祿)墓志銘》,文淵閣四庫全書本。

④　粟品孝:《宋代四川主要學術家族論述》,鄒重華、粟品孝主編《宋代四川家族與學術論集》,四川大學出版社 2005 年版,第 21 頁。關於華陽范氏及范祖禹的重要論文還有,王德毅:《范祖禹的史學與政論》,氏著《宋史研究論集》,臺灣商務印書館 1993 年版,第 1-63 頁;胡昭曦:《宋代“世以儒顯”的成都范氏家族》,氏著《胡昭曦宋史論集》,西南師範大學出版社 1998 年版,第 286-319 頁。

⑤　馮山:《代趙端明祭范蜀公文》,袁說友《成都文類》卷五〇,中華書局 2011 年版,第 989 頁。

⑥　施懿超:《范祖禹年譜簡編》,《文獻》2001 年第 3 期。

⑦　《宋史》卷三三七《范祖禹傳》,第 10794 頁。

（1057）進士，官至中書侍郎，這是副宰相的高位，也是范氏一門所擔任的最高職務。

宋仁宗嘉祐八年（1063），范祖禹以進士甲科第四名登第，授試校書郎，知資州龍水縣（治今四川資中西北），從此開始了自己的仕宦生涯。宋神宗熙寧三年（1070），受司馬光推薦，范祖禹被召為《資治通鑑》書局同編修，授承奉郎、試大理評事，具體負責唐代部分的長編撰寫。范祖禹之所以獲得司馬光的青睞，是基於司馬光對其學識的了解。因叔祖范鎮“平生與司馬光相得甚歡，議論如出一口”①，他很早就獲知於司馬光。在《祭司馬文正公文》中，范祖禹稱：“某自為布衣，辱公之知，教誨成就，義兼師父”。②至於范祖禹在史學方面的造詣，跟他的家學淵源有關。其叔祖范鎮的學術特點是長於文史和樂律③，曾參與宋祁、歐陽修主持的《新唐書》修撰，是《新唐書》置局十七年中唯一始終參與的編修官。此外，范鎮還參與了朝廷其他一些史書的修撰，自己也私撰有幾種史書。

在此後的十五年中（汴京兩年，洛陽十三年），范祖禹一直協助司馬光修撰《資治通鑑》，遠離了現實政治。這期間恰逢“熙豐變法”，反對變法的名臣、學者多集居洛陽。范祖禹與富弼、二程、邵雍等人多有往來，更多的接觸到中原學術傳統，這對他此後的治學、從政頗多助益。

元豐七年（1085），《資治通鑑》修成上進。由司馬光薦，范祖禹除為秘書省正字。次年，宋神宗去世，年僅九歲的宋哲宗繼位，其祖母宣仁高太后臨朝稱制。高太后是反對變法的，掌權後立即拜司馬光為相，主持廢除新法。在這一背景下，范祖禹被擢為右正言，擔任在當時非常重要的臺諫官。不過由於其岳父呂公著也在此時出任宰相，他避嫌改任著作佐郎、修《神宗實錄》檢討。不久，司馬光力薦范祖禹為著作郎兼侍講。此後雖歷任右諫議大

---

① 《宋史》卷三三七《范鎮傳》，第 10790 頁。

② 范祖禹：《范太史集》卷三七《祭司馬文正公文》。

③ 胡昭曦、劉復生、粟品孝著：《宋代蜀學研究》，巴蜀書社 1997 年版，第 57 頁。

夫、給事中、禮部侍郎、翰林學士兼侍講等官,范祖禹在八年多的時間里一直供職經筵,輔導哲宗學習經史。這段講讀官經歷,在當時頗受好評,蘇軾就稱贊說:"淳夫講說,為經筵講官第一,言簡而當,無一冗字,無一長語,義理明白,而成文燦然,乃得講師三昧也。"①

范祖禹任職朝廷的元祐年間(1086-1094),是一個政局變幻莫測的時期。從反變法的新舊黨爭,到後來的洛、蜀、朔舊黨內部衝突,一次次激蕩着政治局勢。范祖禹身處其間,也多次上疏論政議事。他的政治見解與其尊長范鎮、司馬光、呂公著較為一致,以持重清靜為務,主張去繁瑣,寬民力,堅決反對變法人士所倡導的積極興利。所以,對於折中路線,范祖禹是不能同意的。《宋史》本傳載:"時大臣欲于新舊法中有所創立。祖禹以為朝廷既察王安石之法為非,但當復祖宗之舊,若出於新舊之間,兩用而兼存之,紀綱壞矣。"②對於舊黨內部的蜀洛之爭,范祖禹立場超然,並不黨同伐異。可以說,撇去政治立場不論,范祖禹立朝淳厚端潔,具有不為一己私利為進退的清正政治風骨。關於此期間范祖禹所參與的具體政治活動,附錄中收錄的兩篇傳記有較為詳細的介紹,這裡不再贅述。

元祐八年(1094)九月,高太后去世,宋哲宗親政,政治風向也隨之發生轉移,要求繼承神宗新法的聲音開始出現。范祖禹當此轉變之際,一再上疏希望哲宗繼續推行元祐之政,無奈哲宗"紹述"之意已決。紹聖元年(1095),范祖禹見局勢已無法逆轉,於是連上四章乞外任,四月以龍圖閣學士知陝州(今河南陝縣),從此離開了政治權力核心。此後新黨全面掌權,他們以所修《神宗實錄》對先帝不恭,參與廢除熙豐新法,以及妄論乳媼、離間兩宮的罪名,對范祖禹一再貶謫。在上任陝州後不久,朝廷貶范祖禹為提舉亳州明道宮,解除了他的實際行政職務。同年底,責授武安

---

① 朱熹:《三朝名臣言行錄》卷一三,《朱子全書》第 12 冊,上海古籍出版社、安徽教育出版社 2010 年版,第 811 頁。

② 《宋史》卷三三七《范祖禹傳》,第 10796 頁。

軍節度副使、永州（今屬湖南）安置。紹聖三年（1096），再貶昭州別駕、賀州（今屬廣西）安置。紹聖四年（1097），移賓州（今廣西賓陽）。元符元年（1098），再移化州（今屬廣東）。也就在這年十月，范祖禹卒於貶所。

范祖禹的學術成就主要在史學方面。除了參與《資治通鑒》修撰以及編著本書外，他還主修了《神宗實錄》，參與編撰《國史》，獨立撰成《唐鑒》十二卷①、《仁宗訓典》六卷。這當中《唐鑒》最為有名，該書為范祖禹修撰《通鑒》的副產品，是一部編年的史評著作，包舉有唐一代治亂得失以達到為現實政治鑒戒目的。由於范祖禹生活的時代理學逐漸興起，他本人在洛陽時也與二程多有交往，本書對倫理綱常的堅持更甚於司馬光，一些觀點也頗與二程接近。② 這種史論風格與稍早的同類著作孫甫《唐史論斷》有明顯區別，並不以探討歷史發展因果為目的③，處於向南宋完全理學化的史論過渡階段。《唐鑒》一書影響很大，《宋史》載："《唐鑒》深明唐三百年治亂，學者尊之，目為'唐鑒公'云。"又，宋人筆記稱："范內翰祖禹作《唐鑒》，名重天下，坐黨錮事。久之，其幼子溫，字元實，……一日，游大相國寺，諸貴璫蓋不知有祖禹，獨知有《唐鑒》。見溫，指目相謂曰：'此《唐鑒》兒也。'"④

在史學之外，范祖禹於經學義理上也有一定成就，其主要著作有：《家人卦解義》、《無逸說命解》、《詩解》、《三經要語》、《范氏論語說》、《孟子解》、《孝經指解》等。以上諸書除最後一種，今皆不存。不過，這些著作多是他奉職經筵時獨撰或與其人合撰的講義，在當時也是聲名不顯。總之，儘管與華陽范氏先輩相較，范祖禹更多受到心性義理之學的時風影響，他主要還是作為史家為時人所認可。

---

① 南宋學者呂祖謙作注，乃分為二十四卷，是為通行本。
② 朱熹：《二程外書》卷一二載："《唐鑒》議論，多與伊川同。"（文淵閣四庫全書本）又，程頤曾稱道此書："自三代以後無此議論"（朱熹：《三朝名臣言行錄》卷一三，第804頁）。
③ 相關討論參見孫立堯：《宋代史論研究》，中華書局2009年版，第98-108頁。
④ 蔡絛：《鐵圍山叢談》卷四，中華書局2006年版，第62-63頁。

二、《帝學》的成書背景及其内容主旨

《帝學》是范祖禹供職經筵的產物。所謂經筵是指專為君主服務的御前學術講座,具體形式是講讀官講解經史典籍、"祖宗聖政"以及"進故事",是宋代以降帝王教育的主要形式。由於經筵講讀的目的是要培養合格帝王,在講解的過程中往往會涉及君德、治道、現實政治等問題,君臣雙方問答交流頗多。此外,講讀結束後,講讀官還可能獲得留身奏事的機會,這是宋朝皇帝的重要信息渠道之一。

上文已經提到,自元祐元年(1086)八月六日開始①,直到出知陝州,范祖禹一直在經筵供職。《宋史》本傳將他的這段經筵經歷記錄為:

> 在邇英守經據正,獻納尤多。嘗講《尚書》至"内作色荒,外作禽荒"六語,拱手再誦,卻立云:"願陛下留聽。"帝首肯再三,乃退。每當講前夕,必正衣冠,儼如在上側,命子弟侍,先按講其說。開列古義,參之時事,言簡而當,無一長語,義理明白,粲然成文。②

作為一位飽學之士,范祖禹如此勤勉、細緻不僅僅因為講授對象是皇帝,還與宋代帝王教育重要性加強,元祐時期特殊實際情況有關。

一般認為經歷了唐宋之際的政治社會變革,中古時代的門閥士族勢力已經消亡,宋代君主的專制獨裁傾向更為明顯。於是更多的事務、權力集中到皇帝手上,這既對皇帝的個人素質提出了

---

① 李燾:《續資治通鑒長編》卷三八四,元祐元年八月辛卯,中華書局 2004 年版,第9368 頁。
② 《宋史》卷三三七《范祖禹傳》,第 10799 頁。

更高要求,也加重了皇帝對政治的影響力。此時,帝王學習的重要性,君臣雙方都有清醒的認識,普遍認為帝王需要具備相當的儒家經典知識、倫理素質,這與政治的合理運行關係重大,甚至還出現了將經筵與宰相相提並論看法。[1] 伴隨着認識的變化,制度的建設也隨之展開。淵源於漢代,由臣僚進入內廷為君主講經的非固定性舉措,在北宋中期經真宗、仁宗的建設,已發展成為成熟的經筵制度。[2]

　　如果服務于宋神宗這樣業已成年,自制而深知進學重要性的皇帝,范祖禹肩上的擔子應該還會輕些,無奈他的講授對象是一位年幼皇帝。在范祖禹之前已經擔任哲宗經筵講官的理學家程頤曾有這樣的經歷:"一日講罷未退,上忽起憑欄戲折柳枝,先生(程頤)進曰:'方春發生,不可無故摧折。'上不悅。"[3]倡導師道尊嚴的程頤也知道自己的講讀風格哲宗較難接受,所以在向司馬光推薦范祖禹侍講時專門提到:"自度少溫潤之氣,純夫色溫而氣和,尤可以開陳是非,道人主之意。"[4]

　　除了要色溫氣和,循循善誘,范祖禹後來面臨更為棘手的問題,是要通過講讀盡可能影響哲宗的政治立場。由於高太后以母改子,大量廢除神宗制定的新法,哲宗成年後會採用怎樣的政治路線難以預料。可能是基於對父親的懷念,以及對祖母與群臣忽視自己的不滿,哲宗越來越表現出叛逆的性格與步武其父政策的傾向。據哲宗自己後來回憶,高太后垂簾聽政時,大臣奏事"朕只見臀背"[5]。大概哲宗與高太后對面而坐,大臣多只向高太后奏事。當然,對於哲宗的態度,高太后與舊黨臣僚多少都有察覺,也十分擔憂。南宋大儒朱熹曾論及此事說:

---

[1]　程頤:《河南程氏文集》卷六五《論經筵第三劄子》言:"天下重任,唯宰相與經筵,天下治亂系宰相,君德成就責經筵。"(《二程集》,中華書局1981年版,第540頁)

[2]　對此的詳細論述參見朱鴻:《君儲聖王·以道正格——歷代的君主教育》,收入鄭欽仁主編《中國古代制度略論》,黃山書社2012年版,第248-278頁。

[3]　朱熹:《伊洛淵源錄》卷四,《朱子全書》第12冊,第966頁。

[4]　朱熹:《二程遺書》卷二二《伊川語錄》,文淵閣四庫全書本。

[5]　蔡絛:《鐵圍山叢談》卷一,第5頁。

> 哲宗常使一舊桌子,不好。宣仁令換之,又只如此在。
> 再問之,云:"是爹爹用底。"宣仁大慟,知其有紹述意也。又
> 劉摯嘗進君子小人之名,欲宣仁常常喻哲宗使知之。宣仁
> 曰:"常與孫子說,然未曾了得。"宣仁亦是見其如此,故皆不
> 肯放下,哲宗甚銜之。紹述雖是其本意,亦是激於此也。①

面對這樣的局面,范祖禹與他的經筵講官同僚承受的壓力可想而
知,他們所要完成的任務遠非完成講解經史的知識傳授那麼
簡單。

以上簡單勾勒了范祖禹供職經筵的具體政治環境,這也是
《帝學》一書的成書的宏觀背景。下面將他為講讀所撰寫的其他
著作以及相關奏劄情況作一梳理,這些構成了《帝學》成書的微觀
"語境"。

元祐三年(1088)四月,進《經書要言》。其《進〈經書要言〉劄
子》稱:"臣職在勸講,無補毫分,苟有愚見,不敢不盡。謹節略《尚
書》、《孝經》、《論語》切要之語、訓戒之言,得二百一十九事,以備
聖札。"②

八月二十日,進《古文孝經說》一卷。《進〈古文孝經說〉劄
子》稱:"《孝經》有古文,有今文,……臣竊考二書,雖不同者無
幾,然古文實得其正,故嘗妄以所見,又為之說,非敢好異尚同,庶
因聖言少關省覽。伏惟陛下方以孝治天下,此乃羣經之首,萬行
之宗,儻留聖心,則天下幸甚。"③

八月二十二日,因夏暑罷講已踰兩月,范祖禹上《勸學劄子》
要求恢復經筵講讀,其言有:"當今之務,莫如學問之為急也。陛
下今日之學與不學,繫天下他日之治亂。"④

---

① 黎靖德編:《朱子語類》卷一二七,中華書局 1986 年版,第 3047 頁。

② 范祖禹:《范太史集》卷一四《進〈經書要言〉劄子》。

③ 范祖禹:《范太史集》卷一四《進〈古文孝經說〉劄子》。

④ 范祖禹:《范太史集》卷一四《勸學劄子》;李燾:《長編》卷四一〇,元祐三年是夏
  條,第 9993 頁。

元祐四年(1089)正月七日,范祖禹與其他講讀官進呈《尚書說命講義》三冊。其《進〈尚書說命講義〉劄子》稱:"臣等雖罄竭謭聞講解於前,謹輒記錄所言,編寫成冊,以備尋繹,或賜顧問,庶幾少助聰明之萬一。"①

元祐五年(1090)二月八日,范祖禹等進《無逸講義》。②

六月八日,范祖禹等講讀官領旨編修《孟子節解》十四卷③

八月十四日,范祖禹上所撰《帝學》。其《乞進〈帝學〉劄子》自述著書之意為:"臣以史職侍經筵,嘗採集前世帝王學問,及記國朝祖宗講讀故事,爲書八卷,名曰《帝學》,可以上助睿覽。今已繕寫畢,伏望聖慈許令進入。"④范祖禹對此更詳細的闡發,見於本書卷末所附《上〈帝學〉奏》。

元祐六年(1091)十月,進《幸學故事劄子》,羅列了宋太祖、太宗、真宗、仁宗幸國子監崇學之事,希望哲宗以為楷模。⑤

元祐七年(1092)五月四日,范祖禹進《家人卦解義》。其《進〈家人卦解義〉劄子》稱著述緣起為:"伏觀中宮初建,將行嘉禮,……謹按《周易》家人之卦,乃聖人所以定天下之端本,臣輒不自撰,敢撰集所聞先聖先賢之言為《解義》一篇,謹錄上進以代奏事。"⑥

九月十二日,同其他講官共上《乞節講〈禮記〉劄子》。⑦

元祐八年(1093)正月十九日,進《仁皇訓典》六卷。⑧

通過以上羅列的范祖禹與經筵相關著述活動可以看出,撰述《帝學》並非一個孤立舉動,而是他一系列著述活動中的一環。為

---

① 范祖禹:《范太史集》卷一四《進〈尚書說命講義〉劄子》
② 范祖禹:《范太史集》卷一五《進〈無逸講義〉劄子》。
③ 范祖禹:《范太史集》卷一九《編〈孟子節解〉劄子》。
④ 范祖禹:《范太史集》卷二一《乞進〈帝學〉劄子》、《進〈帝學〉劄子》。按,《范太史集》誤繫於元祐六年,據《長編》卷四四七,當為五年。
⑤ 范祖禹:《范太史集》卷二二《進幸學故事劄子》。
⑥ 范祖禹:《范太史集》卷二三《進〈家人卦解義〉劄子》。
⑦ 范祖禹:《范太史集》卷二四《乞節講〈禮記〉劄子》。
⑧ 范祖禹:《范太史集》卷二四《進〈仁皇訓典〉劄子》。

達成教育年幼哲宗的目的,范祖禹等人採用了講義與"故事"讀本相配合方式,《帝學》便是其中一種補充讀本。了解了這樣的成書背景,把握該書的内容、要旨也就比較容易了。

　　《帝學》全書的安排是以時間為序,前兩卷内容為上古至唐,其餘六卷都為北宋諸帝。這當中又尤以宋仁宗所佔篇幅最大,有三卷。這一方面是仁宗統治時間有四十多年,為北宋諸帝中最長;同時也是因為與反變法政治立場相關,仁宗在此時已經被看成是可為效法的傑出帝王。上文提到的范祖禹另一部著作《仁皇訓典》即專記仁宗一朝之事。這種偏重本朝的篇幅分佈,與宋代重視"祖宗家法"的政治風氣是一致的①,也為後來的不少著作所效仿②。

　　作為經筵補充讀本,《帝學》以更有效激發哲宗的向學之心來組織全書,在這一指導原則下,該書具體内容涵蓋了三個主要方面。第一,輯錄了歷代聖王明君的務學求師、崇儒幸學事跡,這為哲宗在行為上樹立楷模。第二,盡可能在記事中涉及君臣間的學術問答。這在范祖禹看來非常重要,他在《上〈帝學〉奏》中除了強調帝王學習的重要性,還對問之於學的價值致意再三,認為"學則必問,問然後為學"。而在本書正文卷七,范祖禹還專門節錄了司馬光《乞經筵訪問劄子》。第三,對於君臣在講學場合外有關治道的言論也加注意,如卷二引唐太宗《金鏡述》。當然,與唐太宗專門總結君道的著作《帝範》相比,這部分内容在《帝學》中不是主要部分,也正因為如此,兩書内容可以互為補充。此外,為了配合對哲宗的政治立場施加影響,本書卷八還詳細記錄了司馬光與呂惠卿在經筵中對于變法的討論,其用意顯而易見。

三、《帝學》的價值

　　今天閱讀《帝學》一書,探究帝王為學之道、培養合格帝王的

---

①　關於宋代"祖宗家法"最詳盡的研究,參見鄧小南《祖宗之法——北宋前期政治述略》,三聯書店 2006 年版。

②　參見附錄所載後代對《帝學》的續作、擬作。

意義自然已經失去了。我們認識它的價值可以從以下兩個方面來探求。

（一）文獻價值

《帝學》一書前兩卷，是輯錄而來，所記前代之事沒有超出今存史籍，文獻價值不大。後六卷的宋代內容，儘管其記事時段為載北宋之事的名著《續資治通鑑長編》（以下簡稱《長編》）所涵蓋，相關其他典籍也存世不少，詳細比對後可以發現，該書仍由其相當的文獻價值。

首先，同記一事，《帝學》與《長編》重點不同，可以互為補充。如《帝學》卷三載：宋真宗"（咸平）五年，講《春秋》畢，邢昺曰：'《春秋》一經，少有人聽，多或中輟。'帝曰：'勤學有益，最勝它事。且深資政理，無如經書。朕聽政之餘，惟文史是樂，講論經義，以日繫時，寧有倦邪？'"此事《長編》卷五一，繫於咸平五年正月丙辰條，記事重點與此不同。"丙辰，翰林侍講學士邢昺講《左氏春秋》畢，召宗室、侍讀侍講學士、王府官宴於崇政殿，賜昺等器幣、衣服、金帶，加昺工部侍郎。上謂輔臣曰：'南北宅將軍而下，可各選純儒，授以經義，庶其知三綱五常之道也。'"①這裡《帝學》通過君臣對話表現真宗好學的品性以及"勤學有益"的道理，《長編》則是記錄了對講讀官的獎賞，以及加強宗室教育的措施。這個例子比較清晰的反映了兩書的不同性質，一是勤學以成君德的著作，一是記錄朝廷事務的史書。

其次，同記一事，《帝學》較《長編》詳細。如《帝學》卷三載宋太宗讀《太平總類》（即《太平御覽》）之事稱："帝曰：'朕性喜讀書，開卷有益，每見前代興廢，以為鑑戒，雖未能盡記，其未聞未見之事固已多矣。此書千卷，朕欲一年讀遍，因思好學之士，讀萬卷書亦不為難。大凡讀書，須性所好，若其所不好，讀亦不入。'"此事《長編》卷二四僅載："朕性喜讀書，開卷有益，不為勞也。此書千卷，朕欲一年讀徧，因思學者讀萬卷書，亦不為勞耳。"②兩者詳略

---

①　李燾：《長編》卷五一，咸平五年正月丙辰，第1112頁。

②　李燾：《長編》卷二四，太平興國八年十一月庚辰，第559頁。

差距頗大。又如宋真宗乾興元年（1022）三月戊寅，詔雙日召侍臣便殿講學便殿一事，《帝學》卷四詳載詔書具體內容，《長編》卷九八則僅記其事。[①]

　　第三，同記一事，兩書繫日不同，互有得失，可資考證。這種情況分為兩種不同類型。一是數日之事《長編》附於一日，《帝學》則分記。如《長編》卷一七五，皇祐五年（1054）八月癸卯條載天章閣待制兼侍講趙師民除龍圖閣直學士、知耀州，之後附以經筵講讀事跡。[②]《帝學》則分載慶曆四年（1044）二月，皇祐元年五月癸巳、九月丙午、辛亥。二是分別繫於不同日期。如《帝學》卷四載景祐四年（1037）十月丙戌進讀《正說·養民篇》，此事《長編》卷一二〇繫於十月丙子[③]。又如《帝學》同卷載寶元二年（1039）十月乙丑，講《春秋左氏傳》及讀《正說》終，《長編》卷一二四繫於十月丙寅[④]。這種情況是比較多的，但是由於缺乏明確的證據，孰對孰誤還只能存疑。

　　第四，《帝學》記事不少《長編》都失載，雖然江少虞《宋朝事實類苑》、彭百川《太平治跡統類》、王應麟《玉海》等書或加載錄，但詳略有異，且有為他書所未載者。如卷三載："太宗時，邢昺嘗纂《禮選》以獻。其後，帝閱書禁中，得其本，作贊以示近臣曰：'朕在東宮，昺為侍講，嘗徧講九經書，亦有三五過或十餘過者，唯《尚書》凡十四講。蓋先帝慈旨勉勵，每旦聽書，食訖習射，使與兄弟朝夕同處，所習者，文武二事爾。'"此事惟王應麟《玉海》卷三一引《實錄》："祥符三年五月乙巳，上作《禮選贊》賜侍講學士邢昺。"[⑤]《玉海》所記儘管補充了時間信息與賜文對象，具體細節卻太過簡略。此外，他書不載之事尚多，這裡僅舉三例。卷三宋太宗與近臣論"三史"；卷四慶曆五年（1045）三月甲申宋仁宗問楊安

① 李燾：《長編》卷九八，乾興元年三月戊寅，第 2277 頁。
② 李燾：《長編》卷一七五，皇祐五年八月癸卯，第 4227—4228 頁。
③ 李燾：《長編》卷一二〇，景祐四年十月丙子，第 2838 頁。
④ 李燾：《長編》卷一二四，寶元二年十月丙寅，第 2935 頁。
⑤ 王應麟：《玉海》卷三一，廣陵書社 2008 年影印本。

國周幽王所終；卷五皇祐三年(1051)四月戊申講"巽卦"。①

　　第五，即便與其他書重復的記載，有不少明確標明是引自《帝學》，所以從史源學的角度說，本書仍有其價值。如卷六皇祐五年(1053)九月戊寅一條記仁宗禮器製作之事，《長編》卷一七五亦載，其著者李燾註明是依據《帝學》。②

　　當然，《帝學》對宋代君主崇學、經筵講讀事跡的記錄並不是詳瞻無遺，《長編》有而《帝學》無的情況也存在。如《長編》卷一〇一載，天聖元年(1023)九月"戊寅，詔輔臣於崇政殿西廡觀馮元講《論語》，並賜御飛白書。"③此事從性質上說《帝學》應該采入，然而有的缺略可能是范祖禹有意為之。如關於讀《三朝經武聖略》，《帝學》只是在卷四，慶曆五年(1045)十一月乙未載："讀《三朝經武聖略》至眞宗朝，李繼和上言：'國初，李漢超在關南以私錢貿易以佐公用，人或繩奏之，太祖反令盡除所過稅。'帝曰：'任人如此，孰不盡力哉。'"檢《長編》，則讀此書還載有其他兩條。卷一五四載：同年二月"庚戌，御邇英閣讀《三朝經武聖略》，出陣圖數本，并陝西僧所獻兵器鐵渾撥以示講讀官。"④又卷一五七載："十一月癸未，邇英閣讀《三朝經武聖略》。上曰：'真宗時，李至言鄭文寶建議禁西界青鹽為失策，如何？'侍讀高若訥奏：'青鹽之禁，西人至今失其厚利，乃策之得，至言殆偏見也。'上然之。"⑤與《帝學》所采入的一事相較，《長編》多出的兩條記載所談論的是具體事務，並非原則上的為君之道，從中大概可以看出范祖禹所貫徹的編撰標準了。此外，《太平治跡統類》、《玉海》等書中也有《帝學》失載之事。所以，若欲輯錄北宋君王崇學、經筵事跡，以《帝學》為基礎，輔以《長編》、《通鑒長編紀事本末》、《宋會要輯稿》及《太平治跡統類》、《玉海》等類書就幾無遺漏了。

---

①　據筆者粗略統計，本書記事爲他書不載者約有十三條。

②　李燾：《長編》卷一七五，皇祐五年九月乙酉，第4233頁。

③　李燾：《長編》卷一〇一，天聖元年九月戊寅，第2334頁。

④　李燾：《長編》卷一五四，慶曆五年二月庚戌，第3748頁。

⑤　李燾：《長編》卷一五七，慶曆五年十一月癸未，第3805頁。

（二）學術價值

從編撰的角度看，《帝學》一書有兩個特點。一是重視本朝，詳近而略遠，這一點前面已經談到。二是於記事之中穿插作者的議論。《帝學》正文中范祖禹凡加按語十三處，書末所謂《上〈帝學〉奏》可視為一篇總論。這種方式與宋朝經筵講讀中流行的"進故事"頗為一致①，以史實與論斷相結合以達到講勸的目的。南宋人對這當中體現的進諫技巧頗為看重，曾評價本書"色和而氣平"，"蓋于誦說之際，傅以箴規之詞"。②

作為一本講讀之作，《帝學》最重要的價值自然還是在對為君之道、帝王之學的助益方面。有學者認為，唐代的帝王之學已開始出現由重經學轉而漸重史學的傾向，到宋代《資治通鑒》成書，史學已正式成為帝王之學。此後的真德秀《大學衍義》，丘濬《大學衍義補》皆是兼采經史子集，卻以史學為主。所以近世的君主教育由經學而史學，史學成為主流。③ 從皇帝經筵講讀書目看，唐宋以降確實越來越多的出現了史部著作，如本書所記即有讀《史記》、《漢書》、《資治通鑒》。然而，講讀史書的目的顯然是鑒往知來，"見之於行事"的論證、闡發儒家倫理綱常、治國之道。所以，注重史籍不過是達成儒家君道教育的途徑，這與經學教育是一致的，並不存在所謂王道、霸道的問題，也談不上史學成為主流，只不過以"前代鑒戒"、"本朝聖政"的史學內容成為帝王教育的重要組成部分了。在上述的轉變潮流中，《帝學》無疑是一部典範性著作。一方面，大量的古今史事樹立了帝王務學的楷模；另一方面，書中或記君臣闡經述道之語，或另增議論品評之言，對於為君之道、帝王之學的實質內容特加關注。這種融激勵向學與闡釋君道功能於一書的嘗試較為成功，比較突出地呈現了當時士大夫對這些問題的思考。

---

① 范祖禹《范太史集》卷二七整卷內容即為"進故事"。

② 吳泳：《鶴林集》卷七《鐘震授兼侍讀制》，文淵閣四庫全書本。

③ 朱鴻：《君儲聖王·以道正格——歷代的君主教育》，收入鄭欽仁主編《中國古代制度略論》，第274–276頁。

　　隨着君主獨裁的強化、政統與道統的合一趨勢，君主教育越來越受重視，《帝學》在後代常享盛名。南宋時期該書多次在經筵中講讀①，而明清兩代，其受重視程度也未曾稍衰。乾隆曾題内府所藏宋本《帝學》卷首云：“藏弆御府有年，每於幾餘展閲，不特芬流楮墨，足備石渠、東觀之遺。而自宓義迄宋，凡帝王務學求師之要，燦然眉列，實為千秋金鑑。”②學者吴焯也譽之稱：“一編《帝學》古今師”。③

四、《帝學》的版本及校注工作

　　《帝學》的版本情況並不複雜。據《中國古籍總目》所載，本書善本有：明刻本，藏吉林省圖書館；《四庫全書薈要本》；《四庫全書本》；清永瑢抄本，藏中國社科院圖書館；清省園刻本，國内多家圖書館有藏；清抄本，翁增源校並跋，藏南京圖書館；國家博物館圖書館、上海圖書館也還有兩部清抄本。④　此外，四川師範大學圖書館藏有一部活字本《帝學》，為晚清著名藏書家繆荃孫舊藏，繆氏定為宋活字本。不過，此本學界爭議頗大，可能是據省園本挖補，姑置不論。⑤　大陸之外，臺灣蕭天石主編的《中國子學名著集成》中影印了一部抄本《帝學》，為“中央”圖書館藏“永瑆精寫袖珍本”。⑥

---

① 徐松輯：《宋會輯稿》崇儒七之三六；杜範《清獻集》卷一二《簽書直前第二劄》，文淵閣四庫全書本。
② 于敏中等：《天禄琳琅書目》卷二，文淵閣四庫全書本。
③ 沈嘉轍、吴焯等：《南宋雜事詩》卷二，文淵閣四庫全書本。
④ 中國古籍總目編撰委員會：《中國古籍總目》子部第 1 冊，上海古籍出版社 2010 年版，第 177–178 頁。
⑤ 關於這個本子的具體情況參見熊克：《是清“省園”藏板，還是宋活字本？——為繆藝風著録宋活字本〈帝學〉及有關問題辨證》，《四川師範學院學報》1990 年第 1 期。
⑥ 蕭天石主編：《中國子學名著集成》，第三十一冊，中國子學名著集成編印基金會1978 年版。

　　本書各種版本書前多載有宋寧宗嘉定十四年（1221）齊礪所作序，從中可知本書最早為范祖禹五世孫范擇能刊刻，嘉定年間趙汝洋又據以重刻。宋本《帝學》今天已不可得，不過省園本基本保持了宋本的原貌，學界一般認為它是乾嘉間“以宋本字體製成活字所排印”。[1] 也正是由於省園本的存在，明刻本這個現存可以確定的最早本子的重要性有所削弱。同樣，四庫本據《四庫全書總目》所言為內府藏本[2]，也就是乾隆曾題其卷首的宋本。永璇抄本、永瑆抄本性質相同，都與四庫本接近。永璇為乾隆第八子，永瑆為十二子，四庫本卷首有其和詩。筆者將永瑆抄本與四庫本比較發現，兩者基本一致，當是同出內府藏本，惟每卷各有考證對原本錯誤加以說明，不過大多四庫本也已更正。所以，雖然筆者未曾親見永璇本，考慮到它與永瑆本的密切關係，校勘價值不會太大。

　　翁增源校跋本質量頗高，值得特別重視。翁曾源，字仲淵，號寔齋、海珊，江蘇常熟人。同治二年（1863）恩科狀元，歷官翰林院修撰、國史館纂修等。翁增源出生名門，其父翁同書曾任安徽巡撫，叔父翁同龢為晚清名臣，先後擔任同治、光緒兩代帝師，官至協辦大學士。在一個內容與省園本略同的抄本基礎上，翁增源校出謬誤六十處以上，其中為四庫本未改者也達三十餘處。遺憾的是，因條件所限，筆者看到的是國家圖書館所藏該書的縮微膠捲，膠捲內容缺少翁增源所作跋，對於他校勘工作的具體信息也就難得其詳了。

　　本次校注工作便是以翁校本作為底本，以省園本、文淵閣四庫本、文津閣四庫本為參校本，並輔以其他相關史籍。下面對這幾個版本的異同、優劣稍加說明。

　　省園本雖說與宋本最為接近，玄、匡、徵、慎、敦等宋諱皆缺筆，但是錯訛也是諸本中最多的，今略舉其尤者三例如下：

　　一、卷二目錄缺“孝昭皇帝”一目，今據四庫本、翁校本增入。

　　二、卷五慶曆七年三月丙申條，“帝謂宋祁曰”，“宋祁”省園

[1]　魏隱儒：《中國古代印刷史》，印刷工業出版社1984年版，第230頁。
[2]　永瑢等：《四庫全書總目》卷九一，中華書局1995年版，第775頁。

本、四庫本皆作"宋初"，顯誤。

三、同卷皇祐三年三月戊辰條，"天有六氣，陰、陽、風、雨、晦、明"，"天"省園本作"未"，此句實本《左傳》，四庫本、翁校本皆據改。

如前所述，四庫本改正了內府藏宋本的諸多錯誤，但改之未盡者仍非常多，即便是避諱字也有遺漏。如因宋太祖祖父名趙敬，《帝學》"敬"皆作"恭"，四庫本對此多加改回，惟卷七治平元年呂公著言"其於齋戒祭祀必致誠盡恭"，"敬"仍作"恭"。此外還有不當改而改者，如卷三咸平五年十月條，"在東宮時惟以聚書為急"一句，文淵閣四庫本改"急"為"念"，《宋朝事實類苑》卷三及《玉海》卷一二九，載此事皆作"急"，文津閣四庫本、翁校本亦仍其舊。由此引申出一個問題是，本書文淵閣本與文津閣的優劣。總體來看，文津閣本是好於文淵閣本的，校出了更多的原本錯誤。如卷七治平四年十月壬戌條，"(范)亦顏以前嘉州夾江縣令投檢"，文淵閣本作"投撿"，文津閣作"投檢"。又如，同卷治平四年九月壬寅條，"先是，(司馬)光言張方平不當參知政事，至是又言"，文淵閣本、省園本"至是又言"作"臣是人言"，殊不可解。文津閣本改為作"臣已冒言"。考取材《帝學》的彭百川《太平治跡統類》卷二六，記此事作"至是又言"。[①] 文津閣本所校雖因未查明出處有所偏差，但至少發現了問題。此外，文津閣本儘管質量不如翁校本，也校出了一些翁增源未發現的問題。如卷五皇祐二年四月己卯條，"帝王每出，須中嚴、外辦"，中嚴、外辦皆是警衛宮禁之儀，"辦"字省園本、文淵閣四庫本、翁校本皆誤作"辨"，文津閣四庫本、范祖禹《范太史集》卷二七《進故事》作"辦"。

翁校本的優點不僅僅體現在比四庫本校出更多錯誤，即便是四庫本也作了校勘之處，往往是翁校本更優。如卷三載宋太祖太平興國八年言讀書之事說："其未聞未見之事固已多矣"，"固已多矣"省園本作"固已矣"，文淵閣四庫本作"固多矣"，文津閣本作"姑已記矣"。由於兩種四庫本文字不同，可知此處館臣是做了校

---

① 翁校本即改為"至是又言"。

勘修改，以文意看，兩者皆可通。翁校本作"固已多矣"，雖然從文意看與文淵閣本同，但查《長編》卷二四，太平興國八年十一月庚辰條，正與翁校本同。由此可知，四庫館臣的校勘只是憑藉自己經驗來修改文字，翁增源則作了更為細緻的工作，若非別據善本，必是不避繁瑣採用了查閱相關史料的"他校"辦法。這個例子不是孤例，這裡僅以卷四為限再舉三例於下：

一、天聖四年閏五月甲子條提到唐人謝偃的《惟皇誠德賦》，省園本、文淵閣本、文津閣本、翁氏所校抄本皆作《惟皇誠德賦》。其實僅從文字看很難看出賦名有問題，查新舊《唐書》謝偃本傳，當作《惟皇誠德賦》。

二、景祐四年三月甲戌條提及王宗道的官職為尚書祠部員外郎，省園本、文淵閣本、文津閣本、翁氏所校抄本皆作尚書禮部員外郎，惟翁增源改"禮"為"祠"。核《長編》卷一二〇，王氏所任職的正是祠部。

三、寶元二年三月壬寅條載真宗朝天下戶口數為八百六十六萬九千七百七十九，省園本、文淵閣本、文津閣本、翁氏所校抄本皆作八百六十六萬九千七百九十九。核以《長編》卷一二三，與翁氏所改正同。

由此可見，翁增源的校勘工作是仔細的，除了上面提到的《長編》外，他可能還利用了《宋代詔令集》等宋代典籍，相關例證很多，這裡就不一一枚舉。當然，翁校本也遠非盡善盡美，與四庫本比也有失校的情況。如卷六卷末范祖禹評論仁宗稱："邇英講學，游心聖道，終身未嘗少倦。""未嘗少倦"省園本、翁校本皆作"未少嘗倦"，今從四庫本。總之，翁校本是一個相對可靠的本子，本次整理工作即以此為基礎展開的。

最後要說的是，由於整理者水平有限，本書肯定存在諸多不完善之處，敬請讀者諸君不吝賜教。

本書係重慶大學中央高校基本科研業務費資助項目階段性成果（項目批准號：CQDXWL-2012-Z006）

整理說明

一、全書採用繁體橫排，施以現代標點。原書記事多以年分段，此次整理改為月日分段，以方便閱讀。

二、對於本書原注，以小五號字附於正文中。難解字詞、人名地名、典章制度、引文出處等，作必要的注釋。其中文字較短的注文採用夾注形式，加括號與原注相區別；文字較長者及校勘記，採用腳注形式。

三、本着校記從簡的原則，凡翁校本與他本有異，翁校本正確者，不出校；若翁校誤改，或未能校出者，加校記說明。

四、本次整理使用其他相關書籍校勘時，若文字差異已造成表達意思的不同，出校記予以說明；若僅僅是文字表述有別，一仍其舊，不出校記。

五、對於本書前兩卷輯錄的前代材料，以注釋的形式說明出處。關於宋代部分，凡本書記事與李燾《續資治通鑑長編》相應記載可成參照者，以及為他書所不載，史料價值較高者，我們特別予以注明。至於其它為彭百川《太平治跡統類》、曹彥約《經幄管見》、王應麟《玉海》、馬端臨《文獻通考》等書記錄、轉引之事，不再一一注明。

六、關於本書的避諱問題。翁校本對避宋諱者多已改回本字，这次整理以校勘記形式略作說明。至於翁校本補足缺筆的宋代避諱字直接襲用，避清諱者也直接改回，不再作說明。

《帝學》原序

　　《帝學》一編，元祐(宋哲宗年號，1086-1094)中太史(范祖禹曾兼國史院修撰故稱太史)范公勸講金華(本為漢代未央宮殿名，此代指內廷，蓋言經筵)，摭取帝王務學求師之要，自宓羲(伏羲別稱)迄于我宋，釐[lí](整理)為八卷上之。玉音(對皇帝言語的尊稱)嘉納，緝熙(光輝、光明)光明，於斯為盛。其五世孫擇能(生平未詳，惟知其曾任建康府學教授、知建昌軍、知臨江軍、大理寺正卿等官)宰高安(縣名，宋為筠州治所，今屬江西)，刊置縣齋，未幾散逸。戶曹①玉牒汝洋②一日訪

---

① 在宋代戶曹既是戶部別稱，也可以是戶曹參軍事的簡稱。後者《宋史·職官志七》述其職掌為"掌戶籍賦稅、倉庫受納"，該職濫觴於北齊，唐以來在府稱戶曹參軍，在州則稱司戶參軍。大觀二年(1108)宋徽宗下詔"諸州依開封府制分曹建掾"(《寶慶四明志》卷三《官僚·職曹官》)，但南宋建炎元年(1127)七月，高宗下詔："諸州司錄依舊為僉判，曹掾官依舊為節察推、判官，支使，掌書記，錄事、司戶，司理，司法參軍"(熊克《中興小紀》卷二)，故南宋州應無戶曹。高安所在之筠州，宋理宗寶慶元年(1225)改為瑞州，並未升府，此處應為對司戶參軍的別稱。又，明修《(正德)瑞州府志》卷五"司戶"目下有趙汝洋提名。

② 玉牒為記載帝王譜系、曆數及政令因革之書，宋代每十年一修。羅大經《鶴林玉露》卷三："玉牒修書，始於大中祥符，至於政宣而極備，……編年以紀帝系，而戴其曆數及朝廷政令之因革者，為《玉牒》。"此言玉牒可知汝洋為宋朝宗室。另按，趙汝洋生平未詳，考《宋史·宗室世系表》，汝洋為太宗長子漢王元佐八世孫。

得元本,因俾(使)鋟[qǐn](雕刻)木,以補道院之闕,庶永
其傳。

　　嘉定辛巳(即嘉定十四年,宋寧宗年號,1221)季夏望日,青社①
齊礪②書。

―――――――――

① 借指青州,轄境在今山東北部一帶,為齊故地。宋梅堯臣《送張諷寺丞赴青州幕》
　詩:"富公鎮青社,有來咸鞠育。"此為齊礪自言其籍貫。
② 齊礪,青州(今屬山東)人。宋寧宗嘉泰元年(1201),知句容縣。嘉定三年
　(1210),為淮東提舉茶鹽,八年(1215),以太府寺丞放罷。又曾知筠州。見《宋會
　要輯稿》職官七三之四九、食貨二八之五一,《景定建康志》卷二七,雍正《江西通
　志》卷四六。

《帝學》劄子奏

建炎四年(1130)七月□日，朝散大夫①、試禮部尚書(尚書省禮部長官，從二品，謝氏品階為從六品，低其二品以上權攝，故稱試)臣謝克家②等劄子(亦作札子，一種古代官方公文)奏："臣等伏見故翰林學士(掌重要官方文書起草，正三品)范祖禹當元祐中，終始實在經筵(為皇帝講論經史的御前講席，講官以翰林學士或他官員兼任)，所著《唐鑑》(二十四卷，呂祖謙注，今存，《四庫全書》收錄)既已進御外，有《仁皇訓典》(已佚)及《帝學》二書有益治道，可備睿覽。今祖禹之子，前宗正少卿(宗正寺少卿省稱，為宗正寺

---

① 宋初本為文散官名，宋神宗元豐管制改革以官階易寄祿官區分官員級別，用朝散大夫代中行郎中，為官階第十八階，從六品。

② 謝克家(？-1134)，字任伯，上蔡(今屬河南)人。紹聖四年(1097)進士。建炎四年(1130)官參知政事。紹興元年(1131)，以資政殿學士提舉洞宵宮，寓居臨海。紹興二年(1132)上書彈劾秦檜。紹興四年卒。事跡見《嘉定赤城志》卷三四、張守《祭謝參政文》(《毘陵集》卷一二)。

副長官。按,宗正寺為掌管王室親族事務的機構)沖①寓居衢州(今屬浙
江),伏望聖慈下本州,給以筆札,令沖勘讀投(進獻)。"(此事
李心傳《建炎以來繫年要錄》卷三五繫於七月己巳)

---

① 范沖(1067-1142),字元長,華陽(今四川成都)人。祖禹長子。哲宗紹聖元年
　(1094)進士。高宗即位,召為虞部員外郎,歷兩淮轉運副使。建炎中,知衢州,因
　請祠與趙鼎有連,奪職。紹興中詔修神、哲兩朝《實錄》,為宗正少卿兼直史館。累
　官翰林侍讀學士,尋以龍圖閣直學士奉祠。紹興十一年十二月卒於婺州,年七十
　五。事跡詳見《宋史》卷四三五《范沖傳》。

卷　一

太昊伏羲氏

炎帝神農氏

黄帝有熊氏

少昊金天氏

顓頊①高陽氏

帝嚳高辛氏

帝堯陶唐氏

帝舜有虞氏

大禹夏后氏

商王成湯

高宗

周文王

武王

---

① 按,"頊"字省圜本作"帝",當是宋人避宋神宗趙頊諱,翁校本、四庫本皆已改回。

成王

太昊(亦作太皞、太皓,多認為即伏羲)伏羲氏,仰則觀象於天,俯則觀法於地。觀鳥獸之文,與地之宜,近取諸("之於"、"之乎"之合音)身,遠取諸物,於是始作八卦,以通神明之德,以類萬物之情。上古結繩而治,伏羲始作書契(陸德明《經典釋文》:"書者,文字。契者,刻木而書其側"),百官以治,萬民以察。(此段內容出自《易經·繫辭下》,文字稍異)

臣祖禹曰:伏羲氏德合天地,通於神明。始畫八卦,以開物成務(通曉萬物之理,以此行事取得成功),故孔子言《易》始於伏羲,肇有書契,以紀萬事,而治道可傳於後,至堯而大備,故孔子序《書》始於堯。其前豈無聖人哉?蓋其世遠,不可以為法也。揚雄①曰:"法始乎伏羲而成乎堯。匪(即非)伏匪堯,禮義哨哨(古注一稱多言貌,一稱不正貌,即瑣碎紛雜之意),聖人不取也。"(此語見揚雄《法言》卷三)後世帝王之學本伏羲,故臣以為帝學之首。

炎帝神農氏,師曰悉諸(《呂氏春秋》卷四《尊師》:"神農師悉諸。"高誘注:"悉,姓;諸,名也。")。

黃帝有熊氏,幼而徇齊徇,疾。齊,遠也。言聖德幼而疾遠,長

---

① 揚雄(前53-18),字子雲,西漢蜀郡成都(今屬四川)人。少好學,口吃,博覽群書。年四十餘,始遊長安,大司馬車騎將軍王音召為門下史,後經蜀人楊莊推薦,漢成帝命為給事黃門郎。王莽時任大夫,校書天祿閣。揚雄早年傾慕司馬相如,以辭賦聞名,後來以其為"童子雕蟲篆刻","壯夫不為",轉而治學,仿《論語》作《法言》,仿《易經》作《太玄》。事跡詳見《漢書》卷八七上《揚雄傳》。

而敦敏（篤實敏捷），成而聰明。（此語見《史記》卷一《五帝本紀》）師曰大橈大橈，作甲子者（黃帝史官），又學於大真①。伏羲、神農、黃帝之書謂之《三墳》。

少昊金天氏（姓已，名摯，字青陽，黃帝之子，建都窮桑，故號為窮桑氏，也稱金天氏）以鳥名官。鳳鳥氏，曆②正鳳鳥知天時，故以名曆正③之官；玄鳥氏，司分玄鳥，燕也。以春分來，秋分去；伯趙氏，司至伯趙，伯勞④也。以夏至鳴，冬至止；青鳥氏，司啟青鳥，鶬鶊[cāng yàn]⑤也。以立春鳴，立夏止；丹鳥氏，司閉丹鳥，鷩[bì]雉⑥也。以立秋來，立冬去，入大水為蜃。上四鳥皆曆正之屬官；祝鳩氏，司徒祝鳩，鵻[jiāo]鳩⑦也。鵻鳩孝，故為司徒，主教民；鴡鳩氏，司馬鴡鳩⑧，王鴡也。摯（同鷙）而有別，故為司馬，主法制；鳲[shī]鳩氏，司空鳲鳩，鴶鵴[jiá jú]⑨也。鳲鳩平均，故為司空，平水土；爽鳩氏，司寇爽鳩，鷹也。

---

① 《韓詩外傳》作大墳，劉向《新序》作大真。按，古書言古帝王之師主要有《呂氏春秋》、《韓詩外傳》、《新序》，其中后兩書所記皆為子夏答魯哀公問古帝王師，然文字有異。另，《荀子》對此也有提及。《帝學》一書以《呂氏春秋》為主，稱"又學於"則采《荀子》、《新序》文字，讀來如學於多人，實非古書原意。今于諸條之後注出四書異同以備稽覽。

② 按，"曆"字翁氏本、四庫本避乾隆帝弘曆諱作"歷"或"厤"，今改回，下文不再出校。

③ 曆正，主治曆數、正天時之官。

④ 伯勞，鳥名。又名鵙[jú]或鴂[jué]。額部和頭部的兩旁黑色，頸部藍灰色，背部棕紅色，有黑色波狀橫紋。吃昆蟲和小鳥，善鳴。《詩·豳風·七月》："七月鳴鵙"。毛傳："鵙，伯勞也。"

⑤ 鶬鶊，亦作鶬鴳，未詳何鳥，唐孔穎達《春秋左傳正義》言："青鳥鶬鶊，《爾雅》無文，先儒相說耳。"

⑥ 《爾雅·釋鳥》郭璞注："鷩雉，似山雞而小冠，背毛黃，腹下赤，項綠，色鮮明。"

⑦ 鵻鳩即鵃鴶，《爾雅·釋鳥》謂之鵻鴶。天將雨，鳴聲甚急。

⑧ 《爾雅·釋鳥》郭璞注："鴡鳩，雕類，今江東呼之為鶚，好在江渚山邊食魚。"

⑨ 鴶鵴亦作鴶鞠，布穀鳥的別名。《爾雅·釋鳥》郭璞注："今之布穀也，江東呼為穫穀。"

鷙,故為司寇,主盜賊;鶻[gǔ]鳩氏,司事鶻鳩,鶻鵃[zhōu]①也。春來冬去,故為司事;五鳩,鳩民者也鳩,聚也。治民上聚,故以鳩為名;五雉[zhì](野鸡)為五工正雉有五種:西方曰鷷[zūn]雉,東方曰鶅[zī]雉,南方曰翟雉,北方曰鵗[xī]雉,伊洛之南曰翬[huī]雉,利器用,正度量,夷民者也夷,平也。九扈(《爾雅·釋鳥》扈作"鳸"[hù],本是農桑候鳥,藉以作農事官名)為九農正扈有九種:春扈鳻鶞[bān chūn],夏扈竊玄,秋扈竊藍,冬扈竊黃,棘扈竊丹,行扈唶唶[jiè]②,宵扈嘖嘖[zé],桑扈竊脂,老扈鷃鷃。以九扈為九農之號,各隨其宜,以教民事,扈民無淫者也扈,止也,止民使不淫放。魯昭公二十七年(前525),郯[tán]子③來朝,叔孫昭子④問焉,曰:"少昊氏鳥名官,何故也?"郯子曰:"吾祖也,我知之。昔者黃帝氏以雲紀⑤,故為雲師而雲名。炎帝氏以火紀,故為火師而火名。共工氏以水紀,故為水師而水名。太昊氏以龍紀,故為龍師而龍名。我高祖少昊摯之立也,鳳鳥適至,故紀於鳥,為鳥師而鳥名。自高陽(顓頊)以來,不能紀遠,乃紀於近,為民師而命以民事,則不能故也。"仲尼聞之,見郯子而學之,告人曰:"吾聞之,天子失官,學在四夷,猶信。"然則古聖人之建官立事,必本於學也。⑥

少昊氏有四叔,曰重、曰該、曰修、曰熙,實能金木及水能治其官。使重為句[gōu]芒木正,該為蓐[rù]收金正,修及

---

① 鶻鵃即鶻嘲,一說即斑鳩。《爾雅·釋鳥》:"鶌鳩,鶻鵃。"郭璞注:"似山鵲而小,短尾,青黑色,多聲,今江東亦呼為鶻鵃。"
② 唶唶,象聲詞,鳥鳴聲。
③ 郯子,春秋時期郯國國君。己姓,子爵,其為人講道德、施仁義,對百姓恩威有加。以鹿乳奉親入"二十四孝"。
④ 叔孫昭子(?—前517),姬姓,叔孫氏,名婼,一名舍,諡號曰"昭",史稱叔孫昭子。叔孫豹之子,春秋時魯國政治家、外交家,魯國最有影響力的三大家族"三桓"之一叔孫氏宗主。
⑤ 黃帝受命得景雲之瑞,故以雲紀事,為名號。
⑥ 此段文字本於《春秋左傳注疏》卷四八,昭公十七年。

熙為玄冥二子相代為水正，世不失職，遂濟窮桑窮桑，少昊之號也。四子能治其官，使不失職，濟成少昊之功，死皆為民所祀。窮桑，地在魯北。晉頃公十四年（前 512），魏獻子①問於蔡墨（晉國太史）曰："社稷五祀，誰氏之五官也?"對曰："少昊氏有四叔，為勾芒、蓐收、玄冥，此其三祀也。顓頊氏有子曰黎，為祝融；共工氏有子曰勾龍，為后土，此其二祀也。后土為社。稷，田正也。有烈山氏（炎帝別稱）之子曰柱，為稷，自夏以上祀之。周棄亦為稷，自商以來祀之。②

臣祖禹謹案：《周禮》："內史掌三皇五帝之書"（據《周禮注疏》卷二六，掌三皇五帝之書者應為外史，此處祖禹誤記）。春秋之時，楚左史倚相，能讀《三墳》、《五典》、《八索》、《九丘》（事在《春秋左氏傳》卷四五，昭公十二年，所列皆古書名），是其書猶存也。蓋自孔子刪《書》，斷自唐虞，不紀三皇，而《周易》繫伏羲、神農、黃帝、堯、舜之事。孔安國以伏羲、神農、黃帝之書為"三墳"③，少昊、高陽、高辛（帝嚳）、唐、虞之書為"五典"。司馬遷作《史記》，以黃帝為五帝之首，高陽、高辛次之，堯、舜次之，而少昊氏不紀。考其制作法度，自高陽已不能及。四子修職，皆百世祀，少昊之德，豈非學之至乎！臣故取《左氏傳》郯子、史墨之語，以補少昊氏之事，備三皇五帝之學焉。

顓頊[zhuān xū]高陽氏師曰伯夷（《呂氏春秋》卷四《尊師》作："帝顓頊師伯夷父。顓頊曾讓其頒佈法典，制五刑，以折臣民"），又受學

---

① 魏獻子（? -前 509），姬姓，魏氏，名舒，亦名荼。春秋中期晉國卿大夫，六卿之一，名將魏昭子絳之孫，晉軍步戰的創始者。

② 此段文字本於《春秋左傳注疏》卷五三，昭公二十九年。

③ 關於"三墳"，孔安國所言非定見，只是一種通行說法。張平子認為"三墳"是天地人三禮，杜預注《左傳》皆不取，但云古書之名。

於綠圖（《韓詩外傳》作"祿圖"，《新序》作"綠圖"）。

帝嚳[kù]高辛氏，聰以知遠，明以察微，仁而威，惠而信，修身而天下服（語本《大戴禮記》卷七）。師曰伯招（此出《呂氏春秋》，《韓詩外傳》、《新序》："帝嚳學乎赤松子"）。

帝堯陶唐氏，聰明文（文雅）思（謀慮），光（猶廣）宅（宅而有之）天下。若（常作"曰若"，西周以來追述歷史往跡的發端詞，為當時行文慣例；或稱為順從之意）稽古（考古），欽（敬事節用謂之欽）明（明達）文思安安（通"晏晏"，溫和貌）。益（人名，即伯益，舜時任虞官）曰："帝德廣運（即遠），乃（如此）聖乃神，乃武乃文。"（以上諸語分別出自《尚書》之《堯典序》、《堯典》、《大禹謨》）師曰子州支①，又學於君疇（《荀子·大略》："堯學於君疇，舜學於務成昭，禹學於西王國。"《韓詩外傳》："堯學乎務成子附。"《新序》："堯學乎尹壽"）。孔子曰："堯，煥（光亮貌）乎，其有文章。"（語出《論語·泰伯》）

帝舜有虞氏，若稽古，濬（深宏、深邃）哲（智慧）文明，溫恭允（信義）塞。師曰許由②，學於務成昭。③ 務成昭教舜曰：

---

① 子州支，即子州支父，傳說為堯時隱士。《莊子·讓王》："堯以天下讓許由，許由不受。又讓於子州支父，子州支父對曰：'以我為天子猶之可也。雖然，我適有幽憂之病，方且治之，未暇治天下也。'"

② 許由，亦作"許繇"。上古隱士，堯讓以天下，不受，遁居於潁水之陽箕山之下。堯又召為九州長，由不願聞，洗耳於潁水之濱。事見《莊子·逍遙遊》、《史記·伯夷列傳》。

③ 此本《荀子·大略》。《韓詩外傳》："舜學乎尹壽"。《新序》："舜學乎務成跗"。其人又稱"務成子"、"巫成"，是道教興起前傳說中的神仙、養生家。馬王堆出土醫書《十問》曰："巫成以四時為輔，天地為經。"《漢書·藝文志》著錄有以其命名書三種。《抱樸子·內篇·明本》載錄"務成子煉丹法"。

“避天下之逆，從天下之順，天下不足定也。避天下之順，從天下之逆，天下不足失也。”（語出《尸子》）孟子曰：“大舜有大焉，善與人同，舍己從人。樂取於人以為善。自耕稼陶漁以至為帝，無非取於人者；取諸人以為善，是與人為善者也。”（語出《孟子·公孫丑下》）又曰：“舜聞一善言，見一善行，若決江河，沛然（充盛貌）莫之能禦也。”（語出《孟子·盡心上》）

少昊、高陽、高辛、唐、虞之書謂之“五典”。

臣祖禹曰：帝王之學，謂之“大學”。《禮記》曰：“大學之道，在明（使之明）明德（理學家以為此是人得之於天的德行，即便為人欲所蔽，有時而昏，但其本體之明未嘗息），在親民（或稱親當作新，言自明天之德又推以及人），在止於至善。知止而后有定，定而后能靜，靜而后能安，安而后能慮，慮而后能得。古之欲明明德於天下者，先治其國；欲治其國者，先齊其家；欲齊其家者，先修其身；欲修其身者，先正其心；欲正其心者，先誠其意；欲誠其意者，先致（推極）其知；致知在格物（窮究事物之理）。物格而后知至，知至而后意誠，意誠而后心正，心正而后身修，身修而后家齊，家齊而后國治，國治而后天下平。”（語出《禮記·大學》，有刪減）故學者所以致知、誠意、正心、修身、齊家、治國、明明德於天下，堯舜之道是也。帝王之學，所以學為堯舜也，堯舜亦學于古先聖王而已。其在《易》曰：“進德修業”，“學以聚之（聚蓄其德），問以辨之”（語出《易經》“乾卦”）；其在《書》曰：“若稽古”（《尚書》常用表達）；其在《詩》曰：“正家以風天下”（《詩經》卷首原文為：“風之始也，所以風天下而正夫婦也”）。此文王之學也。揚雄曰：“適堯、舜、文王者為正道。"（語出揚雄《法言·問道》）後世學堯舜而及之者惟文王，故孔子祖述（奉行其道）堯舜，憲章（法令，此處用如動詞，守其法令）文武而習周公，其他皆非道也。

　　大禹夏后氏，若稽古，文命（文德教命）敷（布、治理）于四海，祗[zhī]（恭敬）承于帝（此指上帝，按，此段語出《偽古文尚書·大禹謨》）。聞善言則拜，思日（日日思慮）孜孜（勤勉不怠）。作訓以戒子孫曰："民可近（親近），不可下（輕視、疏遠）。民惟邦本，本固邦寧。予視天下，愚夫愚婦，一（都、皆）能勝予。一人三失，怨豈在明（明，彰顯。宋儒蔡沈解釋整句稱："民心怨背，豈待其彰著而後知之"）？不見[xiàn]是圖（即圖於不見。見，顯現；圖，圖謀；是為助詞，幫助賓語提前）。予臨兆民，懍[lǐn]（畏懼）乎若朽索之馭六馬，為人上者，奈何不敬？"又曰："內作（為）色荒（荒，迷亂。色荒，迷惑於女色），外作禽荒（沉湎於田獵），甘（嗜無饜足）酒嗜音，峻（高大）宇（棟宇）彫（繪飾）牆。有一于此，未或不亡。"（兩段皆出《偽古文尚書·五子之歌》）禹為人敏給（猶敏捷，"給"與"敏"同義）克（能）勤，惡旨酒（美酒）而好善言。師曰大成摯（《呂氏春秋》作"贄"，《新序》作"執"），學於西王國。[①] 禹惜寸陰為善日不足也，見耕者耦，立而式二人並耕曰耦。式，車敬耕者也，過十室之邑必下下車也。十室之邑，以其必有忠信，故下之。

　　商王成湯，不邇[ěr]（近）聲色，不殖（聚，聚斂）貨利。以義制（裁制，裁奪）事，以禮制心。（此兩句語出《偽古文尚書·仲虺之

_____
① 《荀子·大略》："禹學于西王國"，《韓詩外傳》、《新序》同。楊倞注《荀子》稱："或曰大禹生於西羌，西王國，西羌之賢人也。"

誥》)昧爽(昧，晦暗。爽，明亮。指天將明未明之時)丕(乃)顯(通"憲"，意為思考)，坐以待旦。(語出《偽古文尚書·太甲上》)作盤(盛行於商周時期的一種銅製盛水器，圓形，淺腹)銘(古人刻於器皿之上的自警之詞)曰："苟(如果，假使)日新，日日新，又日新。"①伊尹②耕于有莘(古國名。有，詞頭。其址不詳，或稱在今河南省開封市，舊陳留縣東；一說在今山東省曹縣北)之野而樂堯舜之道，湯三往幣(幣帛，本義為古人用作禮物的絲織品)聘之。伊尹思天下之民，匹夫匹婦③，有不被堯舜之澤者如己，推而內之溝中，故就湯，而說之以伐夏救民。湯學于伊尹(《韓詩外傳》："湯學乎貸子相。"《新序》："湯學乎威子伯")，而後臣之。《商頌》曰："湯降(即下，禮賢下士之意，或言當作降生解)不遲，聖敬(聖明恭敬之德)日躋[jī](登，上升)。昭假(向神禱告，昭示其誠敬之心以達於神)遲遲(長久不息貌)，上帝是(語助詞)祗[zhī](尊敬)，帝命式(式法、領導)于九圍(即九州。《毛詩正義》孔穎達疏："謂九州為九圍者，蓋以九分天下，各為九處規圍然，故謂之九圍也")。"(出自《詩經·商頌·長髮》)是湯之德也。

---

① 此事見於《禮記·大學》，朱熹作《四書章句集注》解釋稱："湯以人之洗濯其心以去惡，如沐浴其身以去垢，故銘其盤，言誠能一日有以滌其舊染之污而自新，則當因其已新者，而日日新之，又日新之，不可略有間斷也。"

② 伊尹，商湯大臣，名伊，一名摯，尹是官名。相傳生於伊水，故名。助湯伐桀，被尊為阿衡(商代官名，師保之官)。湯去世後歷佐葡丙(即外丙)、仲壬二王。後太甲即位，因荒淫失度，被伊尹放逐於桐宮，三年後迎之復位。又，《呂氏春秋·尊師》："湯師小臣。"小臣即伊尹。

③ 雙、兩為匹。《春秋左傳正義》孔穎達釋之為："士大夫以上則有妾媵，庶人惟夫妻相匹，其名既定，雖單亦通，故書傳通謂之匹夫匹婦也。"

高宗①得傅說②以為相。王曰："來，汝說！台[yí]小子(台，我。台小子，即予小子，商王武丁的謙稱)舊學于甘盤(甘盤，賢臣，有道德者)。"說曰："王！人求多聞，時(是，這)惟(愿、希望)建事(即立事，作為)。學于古訓(先王之訓)乃(才)有獲，事不師古，以克(能)永世(即長久)，匪(非)說攸(所)聞。惟學遜志(謙遜其志)，務(專心置力)時敏(敏急、努力。時敏，無時而不敏)，厥[jué](代詞，其)修乃來(整句意為其所修之德自然而成)。允(信，誠然)懷于茲(此，指示代詞)，道積于厥躬(自身)。惟(語助詞。用於句首，無實義)斅[xiào](教導)學半(整句意為教為學習之半)，念終始典于學(典，常。此句意為念始念終常在於學，亦即自始至終勤於學習)，厥德修罔覺(不知不覺)。監(借鑒)于先王成憲(現成之法規)，其(副詞，將、將會)永無愆[qiān](罪過，過失)。"(此段摘自《偽古文尚書·說命下》)

周文王在傅③弗勤(勞苦)，處師④弗煩(此兩句語出《國語·晉語》，意為文王於其傅不使之勞苦，於其師不使之煩惱)，益(增益)《易》之八卦為六十四卦(伏羲畫八卦，文王演之為六十四)。太公呂望避紂(帝辛，名受，後世稱殷紂王)居東海之濱，聞文王作興(興起)，

---

① 高宗即商王武丁，盤庚弟小乙之子，商代第二十三位君主，在位五十九年。相傳少時生活在民間，即位後重用賢臣傅說、甘盤，勵精圖治，用兵鬼方，再振商之國勢聲威，史稱"武丁中興"。

② 傅說，古虞國(今山西平陸)人，於傅岩(今山西平陸東)為奴隸，因發明"版築法"聞名，後被武丁起用。《偽古文尚書尚書·說命》三篇內容即為武丁與傅說的對話。

③ 傅即傅父，古代保育、輔導貴族子女之長者。《孔子家語·曲禮子夏問》："古者男子外有傅父，內有慈母，君命所使教子者也。"

④ 師與傅有分工之不同，《禮·文王世子》："出則有師。師也者，教之以事而喻諸德者也。"

曰："吾聞西伯善養老者。"(此句語本《孟子·離婁上》)往歸之，文王以為師(《韓詩外傳》："文王學乎錫疇子斯。"《新序》："文王學乎鉸時子斯")。《大雅》曰："亹[wěi]亹文王，令聞(好聲譽)不已亹亹，勉也。其善聲聞，無止時也。"又曰："穆穆文王，於(嘆詞，嘆美)緝熙敬(誠敬)止(語氣詞，無意)穆穆，美也。緝熙，光明也。"(此兩句出自《詩·大雅·文王》)又曰："倬彼雲漢(銀河)，為章(文采、紋章)于天倬，大也。雲漢在天，其為文章，辟猶天子為法度于天下。周王壽考(長壽)，遐不(遐，通"何"。遐不即何不，胡不)作(培養、造就)人。追(雕刻)琢其章，金玉其相追琢玉使成文章。喻文王為政，先以心研，精合于禮義，然後施之萬民，其好而學之，如覩金玉然，言其政可樂也。勉勉(勤勉努力)我王，綱紀(治理)四方。"(出自《詩·大雅·棫樸》)又曰："雝雝[yōng]在宮，肅肅在廟雝雝，和也。肅肅，敬也。"又曰："不聞亦式(採用)，不諫亦入性與天合。"①《小雅》曰《伐木》，燕朋友故舊也。自天子至于庶人，未有不須友以成者此文王燕朋友之詩(此段話出於《毛詩序》)。單[shàn]襄公(即單朝，襄公為其諡號，春秋時周王卿士)曰："文王質文言質性，有文德，故天祚[zuò](賜)之以天下。"(出自《國語·周語下》)孔子曰："文王既沒，文不在茲(此)乎？"(語出《論語·子罕》)故祖述堯舜，憲章文武(語出《禮記·中庸》)。子貢②曰："文武之道，未墜于地。"(語出《論語·子張》)孔子，學文王者也。

---

① 此兩句出自《大雅·思齊》，歷代注家對此解釋有爭議，或將兩"不"字視作語助詞，認為是聞善即用之，進諫則納之，也有人解釋為臣民意見未直接報告、進諫於文王，文王從旁聽聞亦採納聽用。

② 子貢即端木賜(前520—前446)，復姓端木，春秋末年衛國人，子貢為其字。孔子的得意門生，孔門十哲之一，"受業身通"的弟子之一，孔子曾稱其為"瑚璉之器"，在孔門十哲中以言語聞名。子貢利口巧辭，善於雄辯，且有幹濟才，辦事通達。曾任魯、衛兩國之相。他還善於經商之道，富致千金。

武王師太公(即呂尚。《新序》言:"武王學乎郭叔"),號曰"師尚父師之,尚之,父之,故曰師尚父"。王踐治(即位之代稱)三月①,召師尚父而問焉,曰:"黃帝、高陽(《大戴禮記·武王踐阼》作"顓頊",祖禹避宋神宗諱徑稱"高陽")之道有②乎,意亦忽(盡、滅)不可得見與(同"歟",語氣詞)?"③師尚父曰:"在丹書(舊說赤雀所銜符瑞之書,實際上應是朱筆所書之典策),王欲聞之,則齊(同"齋",即齋戒之意)矣。"三日,王端冕(玄衣和大冠,為古帝王、貴族之禮服),師尚父亦端冕,奉書而入,負屏(門內小墻)而立。王下堂,南面而立,師尚父曰:"先王之道不北面。"王行西,折而南,東面而立。④　師尚父西面道書之言,曰:"'敬勝怠者吉,怠勝敬者滅;義勝欲者從,欲勝義者凶。'且臣聞之:以仁得之,以仁守之,其量(指子孫享國世代之數)百世;以不仁得之,以仁守之,其量十世;以不仁得之,以不仁守之,必及其世。"王聞書之言,惕若(即惕然,恐懼之貌)恐懼,退而為戒書,於席之四端為銘焉,於几(几案)為銘焉,於鑑(銅鏡)為銘焉,於盥盤(古代承接盥洗棄水的器皿)為銘焉,於楹[yíng](堂屋前柱)為銘焉,於杖為銘焉,於帶為銘焉,於履屨[jù](粗鞋)為銘焉,於觴[shāng]豆(二者皆為古代盛酒肴之具)為銘焉,於戶

---

① 按,此段所本《大戴禮記·武王踐阼》《三月"作"三日"。
② 按,此"有"字當作"存",《禮記》各版本中又作"有"者,如毛氏汲古閣本,然仍以"存"字為多,推其文意亦以"存"字為勝。
③ 孔穎達《禮記正義》引此句解釋為:"武王言黃帝、顓頊之道恒在於意,言意恆念之,但其道超忽已遠,亦恍惚不可得見。"由是其句讀作:黃帝、高陽之道存乎意,亦忽不可得見與? 清儒孔廣森曰:"'意',古通以為'抑'字。"今從清儒之說,以"意"字為選擇連詞,從后句。
④ 此句所言意為武王初欲南面以君臣之禮受丹書,呂尚認為先王授書之道,以尊師之故,無以君臣之禮者,武王遂西行東面,改以主賓之禮受書。

（古時一扇曰戶，兩扇曰門）為銘焉，於牖［yǒu］（窗戶）為銘焉，於劍為銘焉，於弓為銘焉，於矛為銘焉。於席前左端之銘曰"安樂必敬"（敬，警戒。意為席雖安臥之所，也應有所警戒），前右端之銘曰"無行可悔"（常加警戒則行慎而悔寡），後左端之銘曰"一反一側，亦不可忘"（反側之間，不可以忘道。席後銘文反側乃見，故言一反一側），後右端之銘曰"所監（同"鑒"，鑒戒）不遠，視邇所化（後三字當作爾所代，意為且看你所接替之殷商）"。①　鑑之銘曰："見爾前，慮爾後"。盥盤之銘曰："與其溺於人也（意指為小人巧言所惑），寧溺於淵（深水），溺於淵猶可游也，溺於人不可救也。"楹之銘曰："毋曰胡（什么，何）殘，其禍將然；毋曰胡害，其禍將大；毋曰胡傷，其禍將長。"杖之銘曰："惡乎（於何）危？於忿疐［zhì］（發怒）。惡乎失道？於嗜慾。惡乎相忘？於富貴。"帶之銘曰："慎戒必恭，恭則壽"。②　劍之銘曰："帶之以為服，動必行德，行德則興，倍（同"背"）德則崩。"③矛之銘曰："造（造作，一說讀為"操"，意為操持）矛造矛，少間（片刻、須臾）弗忍，終身之羞。"予一人（武王自稱，本句為武王所為戒書末句）所聞，以戒後世子孫。（此段文字出自《大戴禮記·武王踐阼》，有刪減）

---

① 按，此處《大戴禮記·武王踐阼》尚有"几之銘曰：皇皇惟敬，口生㖃，口戕口"一句。
② 按，《大戴禮記·武王踐阼》所載帶之銘為："火滅修容，慎戒必恭，恭則壽。"又，此句之後尚有數語："履屨之銘曰：'慎之勞，勞則富。'觴豆之銘曰：'食自杖，食自杖，戒之憍，憍則逃。'戶之銘曰：'夫名難得而易失。無懃弗志，而曰我知之乎？無懃弗及，而曰我杖之乎？揜囤以泥之，若風將至，必先搖搖，雖有聖人不能為謀也。'牖之銘曰：'隨天之時，以地之財，敬祀皇天，敬以先時。'"
③ 按，此句下《大戴禮記·武王踐阼》有："弓之銘曰：'屈伸之義，廢興之行，無忘自過。'"

既克商王,訪于箕子①,作《洪範》②。

西旅(西方的方國,當屬西戎一支)獻獒,太保(即召公奭[shì])作《旅獒》用訓於王,曰:"德盛不狎侮(輕忽、侮慢)。狎侮君子(這裡的"君子"、"小人"是就社會身份而言,非後世道德層面的判斷),罔(無)以盡人心;狎侮小人,罔以盡其力。不役耳目(不沉湎聲色),百度惟貞(百事順當)。玩(玩弄)人喪德,玩物喪志。志以道寧,言以道接(此句意為志向合乎道才能安定,言論合乎道才能被人接受)。不作無益害有益,功乃成;不貴異物(奇巧之物)賤用物(實用之物),民乃足。犬馬非其土性(土生土長)不畜,珍禽奇獸,不育于國。不寶遠物,則遠人格(遠方之人就來歸附);所寶惟賢,則邇人安。嗚呼!夙夜(朝夕、日夜)罔或(沒有)不勤。不矜(慎重)細行,終累大德,為山九仞,功虧一簣。"(此文出《偽古文尚書》,有刪減)

成王幼,不能涖阼(涖,同"蒞"。阼大堂前的東西臺階。指帝王登阼階主持祭祀,此意為履行王權),周公③相,踐阼而治(指周公攝王

───────────────

① 箕子,又稱箕伯、箕仁,子姓,名胥餘。商朝宗室,商紂之諸父,一說為庶兄。官太師,封於箕(今山西太谷,榆社一帶)。曾勸諫紂王,不聽,乃披髮裝瘋為奴。周克殷後被釋,武王曾訪箕子治國之道,他說以"天地之大法",見于《尚書·洪范》。

② 《洪範》為《今文尚書》一篇,記述了商朝的國家管理經驗,是研究古代政治、哲學、文化方面的重要文獻。《史記·周本紀》載:"武王已克殷,後二年,問箕子殷所以亡。箕子不忍言殷惡,以存亡國宜告。武王亦醜,故問以天道。"舊說此即《洪範》著述之由,今人一般認為該書是戰國後期儒者所作,或認為原本出於商末,但從西周到春秋戰國,不斷有人加入若干新內容。

③ 周公,姓姬,名旦,也稱叔旦。文王子,武王弟。輔武王滅商,以魯公封於曲阜,留朝執政,長子伯禽就封。武王崩,成王幼,周公攝政。東平武庚、管叔、蔡叔之叛。繼而厘定典章、制度,復營洛邑為東都,作為統治中原的中心。其言論見於《尚書》諸篇,後代多作為聖賢的典範。

位,治天下)。抗(舉)《世子法》於伯禽①,使之與成王居,欲令成王之知父子、君臣、長幼之道也。(事見《禮記·文王世子》)是故知為人子,然後可以為人父;知為人臣,然後可以為人君;知事人,然後能使人。

召公②為太保,周公為太傅,太公為太師。保,保其身體保,謂安守之;傅,傅之德義傅,猶敷(敷陳、鋪敍)也;師,導之教訓師、傅之教大同也。師主於訓導,傅即受而述之。《書序》曰:"召公為保,周公為師,相成王為左右。"蓋周公復政,留為太師,此二公之職也。天子疑則問,問則應(應答)而不窮者謂之道。道者,導天子以道者也,常立於前,是周公也。誠立(以忠誠自立)而敢斷,輔善而相(輔助)義者謂之充(充實)。充者,充天子之志者也,常立於左,是太公也。絜[jié](同"潔")廉而切直,匡過謬③邪者謂之弼(糾正)。弼者,拂天子之過者也,常立於右,是召公也。博聞彊記,敏給而善對者謂之承。承者,承天子之遺忘者也,常立於後,是史佚(周初太史尹佚)也。故成王中立而聽朝,則四聖維(維繫)之,是以慮無失計而舉無過事。(此段刪摘自《大戴禮記·保傅》)作《頌》(即《詩經·周頌·敬之》)曰:"惟予小子,不聰敬止(不聰達,慎戒)? 日就月將

---

① 伯禽,又稱魯公、禽父。西周魯國第一代國君。姬姓,字伯禽。周公旦長子。周武王滅商,封周公于曲阜,周公留佐武王,命伯禽就封。一說周公東征平亂後,成王將奄之土地、殷民六族封之。即位後,平淮夷、徐戎之叛。

② 召公,姬姓,名奭。周文王庶子。因采邑在召(今陝西岐山西南),故稱召公或召伯,又稱邵康公。佐武王滅商後,封于燕(今北京西南),由其子就封。成王時任太保,掌東都修建,又與周公分陝(今河南三門峽西南)治國,以西召公主之,以東周公主之。成王卒,受遺命輔佐康王。奭高壽,相傳"至康王之時,尚為太保,出入百有餘歲矣"(《論衡·氣壽》)。

③ 按,《大戴禮記·保傅》"謬"字作"諫"。又,觀上下行文,此字前脫一"而"字。

（日有成就，月有奉行），學有緝熙于光明（學問靠廣大積累到光明）。佛（通“弼”，輔佐）時仔肩（責任），示我顯德行。”

　　召公作《誥》（即《今文尚書·召誥》）曰：“惟王受命，無疆惟休（無限美好），亦無疆惟恤（無限憂慮）。嗚呼！曷其（意思同於奈何，即怎麼能，這裡疊用以加強語氣）奈何弗敬。”又曰：“王其疾（趕快）敬德。相（看，視）古先民有夏，天迪從子保（迪，用。子，讀為慈，古子與慈同。整句意為天以夏民順從而慈保之），面稽天若（面，即勔，勤勉之意。天若，即天帝、天命。整句意為夏民努力探求天命所在），今時既墜（失去）厥命。今相有殷，天迪格保（嘉保），面稽天若，今時既墜厥命。今冲子（年幼之人）嗣（繼位），則無遺壽耇［gǒu］（同“耇”，壽耇即年長有德之人），曰（句首語助詞）其稽我古人之德，矧［shěn］（何況，況且）曰其有能稽謀自天①。”又曰：“我不可不監于有夏，亦不可不監于有殷。”

　　周公作《洛誥》（即《今文尚書·洛誥》，此所引文字為摘錄而成）。王拜手稽首②以求誨（教誨）言。周公曰：“孺子（長輩稱晚輩，這裡指成王）其朋（對大臣的敬稱；一說作動詞，指交友），孺子其朋，其往（本句意為成王帶領群臣前往洛邑；一說意為與朋從之人交友）。無若火始燄（同焰）燄，厥攸（所）灼（灼燒），叙（與續，指火勢蔓延）弗其絕。乃惟孺子頒（一般認為即分，指讓成王分擔聽政之事），朕（周公自謂）不暇聽（聽政）。朕教汝于棐［fěi］（輔助）民彝（法則）。汝乃是（若是）不蘉［máng］（勤勉，努力），乃時（統治時間）惟不永哉。”

---

① 整句是說，現在你以幼年繼位，先王沒有留下年長有德之人輔佐你稽考我們古代先賢的德政，何況推求天命之旨。
② 顧炎武《日知錄·拜稽首》言：“古人席地而坐，引身而起，則為長跪。首至手則為拜手，手至地則為拜，首至地則為稽首，此禮之等也。”故拜手為下跪時兩手拱合到地，頭靠在手上，稽首則叩頭至地。

又作《無逸》（即《今文尚書·無逸》，此所引文字為摘錄而成），周公曰："嗚呼！君子所（猶處，即處位為政），其（以）無逸（安樂、安逸）。先知稼穡（泛指農事）之艱難，乃逸①，則知小人（從事農業生產的下層民眾）之依（同"衣"。衣，隱也。隱，痛也。意指知小人苦衷）。相（觀察）小人，厥父母勤勞稼穡，厥子乃不知稼穡之艱難，乃（於是）逸乃諺（粗野不恭），既誕（誕妄自大），否則侮厥父母曰：'昔之人（過去的人，老人）無聞知。'"周公曰："嗚呼！繼自今嗣王（繼位之王，指成王及其後來者），則其無淫（過度）于觀（觀覽）、于逸、于遊、于田（田獵），以萬民惟正之供（以萬民所獻正賦為供養之本。一說意為民眾都勤勉于本職）。無皇（無自寬假）曰：'今日耽樂（縱情歡樂）。'乃非民攸（所）訓（典式，榜樣），非天攸若（非用天命），時（是）人丕則（於是）有愆（過錯）。無若殷王受（即商紂王）之迷亂，酗于酒德（以酗酒為德）哉。"周公曰："嗚呼！我聞曰，'古之人猶胥（相互）訓告，胥保惠，胥教誨，民無或胥譸[zhōu]張（欺詐）為幻（惑亂）。'"周公曰："嗚呼！自殷王中宗②及高宗（即商王武丁）及祖甲③，及我周文王，茲四人迪哲（通達明智）。厥或告之曰：'小人怨汝詈[lì]（罵）汝。'則皇自敬德（大自敬德，增修善政），厥愆，曰：'朕之愆，允若時（確實是這樣）。'不啻[chì]（不但）不敢含怒。"

又作《立政》（即《今文尚書·立政》，此所引文字為摘錄而成），

---

① 按，一般認為此二字為衍文。

② 中宗，即太戊，姓子，名密。舊說為雍己之弟，繼雍己之後為商朝第九代國君，然而據甲骨文周祭卜辭，雍己卻排在大戊之後。在位舉賢人伊陟為丞相，天下大治，諸侯歸附。

③ 祖甲，又稱且甲、帝甲，姓子，名載，商朝第二十五代君主，武丁之子，祖庚之弟。在位三十三年，曾征伐西戎，《今文尚書·無逸》稱其即位愛惠民眾，但也有材料記載其晚期加重繁苛的刑法，造成商朝衰弱。

周公若曰：“拜手稽首，告嗣天子王（即周成王）矣。”用（因）咸（“箴”之假借字）戒于王曰：“王左右常伯（治民之官）、常任（治事之官）、準人（執法之官）、綴衣（掌衣服之官）、虎賁（侍衛武士）。”周公曰：“嗚呼，休（美）茲（此，這些官），知恤（憂禍）鮮哉！”又曰：“嗚呼！孺子王矣。繼自今（自今以後）我其立政（建立官長制度），立事（即常任）、準人、牧夫（即常伯）。我其克灼（明）知厥若（指示代詞，代立事、準人、牧夫三官），丕乃（這樣）俾亂（治理）。相我受民（受于天與祖先的臣民），和（平，適當）我庶獄庶慎（司法案件），時（是，此）則勿有間（代替）之。”“嗚呼！予旦（周公旦自稱）已受①人之徽言（美言），咸告孺子王矣。繼自今立政，其勿以憸[xiān]（奸邪，奸佞）人，其惟吉士（善士），用勱[mài]（努力，勉勵）相我國家。”“今文子文孫（文王子孫），孺子王矣。其勿誤于庶獄，惟有司之牧夫。”“嗚呼！繼自今後王立政，其惟克用常人（賢人）。”

王作《周官》（即《偽古文尚書·周官》，此所引文字為摘錄而成）以訓百官曰：“學古入官，議事以制，政乃不迷。其爾典常作之師，無以利口亂厥官。”又曰：“不學牆面，涖事惟煩。（此句意為人而不學，如面牆而立，一無所見，臨事只會煩亂）戒爾卿士，功崇（高）惟志，業廣惟勤。”又曰：“作德心逸日休（日益休美），作偽心勞日拙。”（《孔傳》：為德直道而行，於心逸豫，而名日美；為偽飾巧百端，於心勞苦，而事日拙不可為。）

臣祖禹曰：“夏為天子，十有七世，四百三十有二年。商為天子，三十有一世，六百二十有九年。周為天子，三

---

① 按，一般認為據漢石經，“已受”當作“以前”。

十有六世，八百六十有七年。三代一千九百二十有八年。其君以學見於經傳者，唯禹、湯、高宗、文、武、成王而已，可謂至少也。若夏之啟（大禹之子，夏朝第二代君主）與少康①，商之祖甲、中宗、祖乙②、盤庚③，周之康王④、宣王⑤，皆有功烈見於《詩》、《書》，非學亦不能至也。雖載籍闕畧，事遠難明，然要之，聖君少而庸君多，故治日短而亂日長。貴為天子，富有天下，苟不學則無聞於後，人君可不勉哉！如夏之桀、商之紂，昏亂其德，覆宗絕祀（毀敗宗族，斷絕祭祀，意指亡國），後世言惡則必稽焉。豈其性不可為善哉？由不法先王、不親賢、不務學也。《書》曰：'惟（雖然）聖（聰明賢達）罔念（經常思慮）作狂（愚狂無知），惟狂克念作聖。'（語出《今文尚書·多方》）聖狂之分，惟在念與不念而已，可不戒哉？

---

① 少康，夏朝第六代君主。夏于第二代君主太康時，因東夷有窮氏叛亂而失國，至少康方獲得決定性軍事勝利，恢復夏朝統治，史稱"少康中興"。

② 祖乙，姓子，名滕，商朝第十四任君主。《史記·殷本紀》稱他為河亶甲之子，但甲骨文記載他是仲丁之子。在位期間遷王都于邢，任巫賢為相，商朝再度興盛。

③ 盤庚，子姓，名旬，商朝第二十代君主。商朝自中丁以來，國勢逐弱，王都屢遷，盤庚力排眾議，從奄遷都于殷。遷都前後，曾對臣民訓誥，即《今文尚書·盤庚》三篇。史稱盤庚行湯之政，百姓康寧，殷道復興。

④ 周康王，姬姓，名釗，周成王之子，西周第三位君主。即位後由召去奭、畢公高等輔政，繼成王之業，"天下安寧，刑錯四十餘年不用"（《史記·周本紀》），史稱"成康盛世"。

⑤ 周宣王（？－前782），名靜，前827至前782年在位，周厲王子。周厲王流死於彘後，為大臣共立。早年勵精圖治，攘逐西北玁狁，開拓東南荊楚徐淮地區，號稱中興。晚年干預魯國國君繼承，為諸侯所不滿，又與姜戎戰於千畝，損失巨大，國勢漸衰。

卷 二

漢太祖高皇帝(劉邦廟號太祖,諡號高皇帝,此廟號、諡號並稱)初定天下,大中大夫(即太中大夫,為秦九卿之一郎中令屬官,掌議論,秩比千石,參見《漢書·百官公卿表》)陸賈①時時前稱說《詩》、《書》。帝曰:"乃公(對人自稱的傲慢語,猶今言你老子)居馬上得之,安事《詩》、《書》?"賈曰:"馬上得之,寧可以馬上治乎? 文武並用,長久之術也。鄉使(假使、如果。鄉,通"嚮")秦已并天下,修仁義,法先聖,陛下安得而有之?"帝有慙色,謂賈曰:"試為我著秦所以失天下吾所以得之者,及古成敗之國。"賈凡著十二篇,每奏一篇,帝未嘗不稱善,左右呼萬歲,稱其書曰《新語》②。(此段文字出自《史記·酈生陸賈列傳》,有刪減)

太宗孝文皇帝③時,求能治《尚書》者,天下無有。聞濟南伏生治之(生名勝,故為秦博士④),欲召。時伏生年九十餘,老不能行,於是詔太常(官名,九卿之一,掌宗廟禮儀之事,秦稱奉常,漢景帝時改太常),使掌故(官名。漢置,太常屬官,掌管禮樂制度等的故實)鼂錯⑤

---

① 陸賈(前240-前170),漢初名儒,有口才、善辯論,早年隨劉邦平定天下時,常出使諸侯各國,後曾奉命出使南越,說南越稱臣,歸拜太中大夫,著作有《新語》十二篇。事跡詳見《史記》卷九七《酈生陸賈列傳》。

② 關於此書,《四庫全書》"提要"言:"大旨皆崇王道,黜霸術,歸本於修身用人。其稱引《老子》者,惟《思務篇》引'上德不德'一語,餘皆以孔氏為宗。所援據多《春秋》、《論語》之文。漢儒自董仲舒外,未有如是之醇正也。流傳既久,其真贗,存而不論可矣。"今人王利器有《新語校注》,收入中華書局"新編諸子集成"。

③ 即漢文帝劉恒(前202-前157),漢高祖劉邦四子,廟號太宗,諡號孝文皇帝。其在位期間政治清明,與其子漢景帝合稱"文景之治",歷代多加推崇,宋人王禹偁《讀漢文紀》一詩贊謂:"西漢十二帝,孝文最賢"。

④ 《史記·儒林列傳》:"秦時焚《書》,伏生壁藏之。其後大兵起,流亡。漢定,伏生求其《書》,亡數十篇,獨得二十九篇,即以教於齊、魯之間。"伏生所傳即《今文尚書》。

⑤ 鼂錯(前200-前154),潁川(今河南禹州)人,歷任太子家令、中大夫、內史、御史大夫。針對當時諸侯國坐大之勢,建議漢景帝削藩,"請諸侯之罪過,削其地,收其枝郡"。吳王劉濞會七國,以"誅鼂錯,清君側"為名,起兵叛亂,景帝殺鼂錯以謝諸侯。《漢書·藝文志》著錄《鼂錯》三十一篇。其事跡詳見《史記》卷一〇一《袁盎鼂錯列傳》。

往受之(此事參《史記·儒林列傳》)。大中大夫賈誼①為長沙王太傅(漢初郡國並行，長沙國為當時諸侯國之一，賈誼所任為其屬官)歲餘，帝思誼，徵之入見。上方受釐[xī]②，坐宣室(漢未央宮之宣室殿)。上因感鬼神事，而問鬼神之本。誼具道所以然之故。至夜半，帝前席③。既罷，曰：“吾久不見賈生，自以為過之，今不及也。”(此事見《史記·屈原賈生列傳》)誼上書言三代之君教太子之法曰(以下文字出自賈誼《新書》卷五《保傅篇》，略有刪減)：“太子少長，則入於學(古者，太子八歲入小學，十五入大學)。學者，所學之官也官，謂官舍。《學禮》曰：‘帝入東學，上親而貴仁，則親疏有序而恩相及(相接惠及)矣。帝入南學，上齒(年齒，年紀)而貴信，則長幼有差而民不誣(不妄，不假)矣。帝入西學，上賢而貴德，則聖智在位而功(事功，功業)不遺矣。帝入北學，上貴而尊爵，則貴賤有等而下不踰矣。帝入太學，承師問道，退習而考(查核)於太傅，太傅罰其不則而匡其不及則，法也；匡，正也。則德知(通“智”)長而治道得矣。此五學者既成於上，則百姓(指百官族姓，非與黎民同)黎民化(為帝王行義所感化)輯於下矣輯，和也(即和睦)。’”(《學禮》出於古《禮經》，早佚，此段文字《大戴禮記》卷三《保傅篇》亦引)

──────────

① 賈誼(前200-前168)，洛陽(今河南洛陽東)人，西漢初年著名的政論家、文學家。早年受河南郡守吳公推薦，漢文帝召為博士，旋升太中大夫。因論事遭群臣忌恨，貶為長沙王太傅。後召還，為文帝少子梁懷王太傅。梁王墜馬死，誼深自歉疚，憂卒，年三十三。其著作有《新書》十卷，五十六篇，《過秦論》、《論積貯疏》、《陳政事疏》、《吊屈原賦》、《鵩鳥賦》等文皆著聲名。事跡詳見《史記》卷八四《屈原賈生列傳》。

② 釐，即“胙”，祭餘之肉。漢制祭天地五時，皇帝不親行，派人祭祀或郡國祭祀後，皆以祭餘之肉歸致皇帝，以示受福。

③ 《史記·商君列傳》：“衛鞅復見孝公。公與語，不自知膝之前於席也。”古人席地而坐，“前席”即欲更接近而移坐向前。按，唐人李商隱《賈生》一詩詠此事謂：“宣室求賢訪逐臣，賈生才調更無倫。可憐夜半虛前席，不問蒼生問鬼神。”

世宗孝武皇帝①時，倪寬②見帝，語經學。帝曰："吾始以《尚書》為樸學(本指上古樸質之學，後泛指儒家經學)，弗好，及聞寬說，可觀。"乃從寬問一篇。(事見《漢書·儒林傳》)又詔求能為"韓嬰詩"③者，徵蔡義④待詔(官名。漢代以才技徵召士人，使隨時聽候皇帝的詔令，謂之待詔，其特異者待詔金馬門，以備顧問)，久不進見。義上疏曰："臣山東草萊(鄉野，民間)之人，行能無所比，容貌不及衆。然而不棄人倫者，竊以聞道於先師，自託於經術也。願賜清閒⑤之燕(指清閒無事之時)，得盡精思(精力思慮)於前。"上召見義，說《詩》，甚悅之，擢為光祿大夫(官名。戰國時置中大夫，漢武帝時始改為光祿大夫，秩比二千石，掌顧問應對，隸於九卿之一光祿勳)、給[jǐ]事中⑥。(事見《漢書·公孫劉田

---

① 即漢武帝劉徹(前156-前87)，漢景帝子，廟號世宗，謚號孝武皇帝。在位54年，文治武功，光彪史冊，與秦始皇並稱"秦皇漢武"。大抵政治上設刺史、行察舉、頒"推恩令"，建中朝，鞏固皇權，強化中央集權；文化上"獨尊儒術"，奠定中國傳統時代官方思想基調；軍事上北逐匈奴，南並甌越，經略西南，開疆拓土。但年年征戰，國困民窮。宋儒朱熹言："武帝天資高，志向大，足以有為。末年海內虛耗，去秦始皇無幾。"

② 倪寬(?-前103)，又作兒(兒讀若倪)寬，字仲文，千乘(今山東高青東)人，治《尚書》，師事歐陽生、孔安國，通曆法，善文辭。早年任筆墨小吏，歷仕廷尉、侍御史、中大夫。元鼎四年(前113年)任左內史，重視農業，開"六輔渠"。後官至御史大夫，曾與司馬遷等共定"太初曆"。事跡詳見《漢書》卷五八《公孫弘蔔式兒寬傳》。

③ "韓嬰詩"為《詩經》今文學派之一，指漢初燕人韓嬰所傳授的《詩經》。西漢初傳《詩》者有魯、齊、韓、毛四家。"韓詩"創立者韓嬰，文帝時為博士官，推詩人之意而作《內傳》四卷、《外傳》六卷，共數萬言。東漢隨古文派"毛詩"的興盛而衰落，西晉時"韓詩"雖存，無傳者，南宋以後《內傳》亡失，僅存《外傳》。今本《韓詩外傳》已非原書，為後人改訂本。

④ 蔡義(?-前71)，名或作誼，河內溫(今河南溫縣)人。因講說《詩》稱旨，擢為光祿大夫、給事中，進授昭帝詩。累遷光祿大夫、少府、御史大夫等職。元平元年(前74)，任丞相，封陽平侯。事跡詳見《漢書》卷六六《公孫劉田王楊蔡陳鄭傳》。

⑤ 省園本作"聞"，非是，今從四庫本。

⑥ 給事中，官名。秦始置，西漢因之，位次中常侍，無定員。秦漢此官為加官，所加之官或為大夫、博士或議郎，御史大夫、三公、將軍、九卿等亦有加者。加此號得給事宮禁中，常侍皇帝左右，備顧問應對。晉以後為正官。

王楊蔡陳鄭傳》）制（帝王命令的名稱。《史記·始皇本紀》：“命為‘制’，令為‘詔’”）曰：“道（通“導”，導喻之意）民以禮，風（風教。《詩序》曰：“上以風化下”）之以樂。今禮壞樂崩，朕甚閔焉。故詳延（盡數延攬）天下方聞（博洽多聞）之士，咸登諸朝。其令禮官（掌禮儀教化之官，當時主要為太常及其屬官）勸學，講議（講求議論）洽聞，舉遺興禮（舉遺逸之文而興禮學），以為天下先。太常議，與（給予）博士①弟子（武帝設博士官，置弟子五十人，令郡國選送），崇鄉黨（周制，一萬二千五百家為鄉，五百家為黨，此泛稱鄉里）之化，以厲（同“勵”）賢材焉。”（事見《史記·儒林列傳》、《漢書·武帝紀》，此處文字多從《漢書》）於是建藏書之策外則有太常、太史、博士之藏，內則有延閣、廣內、秘室之府，置寫書（抄寫書籍）之官，下及諸子（諸子百家之書）傳[zhuàn]說（指解經之書），皆充秘府。（藏書之事在《漢書·藝文志》）董仲舒②對冊（即對策，就政事、經義等設問，由應試者對答，自漢起為取士考試手段），推明（闡明，究明）孔氏，帝遂罷黜百家，表章六經（即《易》、《詩》、《書》、《春秋》、《禮》、《樂》），疇咨（疇，誰。咨，謀。言謀於眾人）海內舉其俊茂，與之立功。建太學（武帝元朔五年，前124，置五經博士，設弟子員五十人，為漢建太學之始）、修郊祀③、改

---

① 博士，學官名。六國時有博士，秦因之，諸子、詩賦、術數、方伎皆立博士。漢文帝置一經博士，武帝時置“五經”博士，職責為教授、課試，或奉使、議政。

② 董仲舒（前179-前104），廣川（今河北棗強）人，今文經大師，與古文孔安國齊名。少治《春秋公羊》，景帝時為博士。武帝初，以賢良對策，主張更化善治，刑德並用。建議罷黜百家，獨尊儒術。又奏請立學官，州郡舉茂才孝廉。歷任江都相、膠西相，後稱病以治學著述為業。著有《春秋繁露》、《董子文集》。事跡詳見《漢書》卷五六《董仲舒傳》。

③ 郊祀，古代帝王於郊外祭祀天地之典禮。漢初立白、青、黃、赤、黑五帝之祠，漢武帝熱衷於祭祀天地及名山大川，於長安東南郊立天神泰一與五帝祠，汾陰立地神後土祠，規定三年一郊祀，以冬至祭天，夏至祭地。

正朔①、定曆數（即定“太初曆”事）、協音律（協調音樂之律呂、宮調，事在太初元年五月）、作詩樂②、禮百神（武帝即位初即詔祠官修山川之祠，禮祭歲以為常），紹周後，號令文章，煥然（光明、光彩貌）可述。後嗣得遵洪業，而有三代（夏、商、周三代）之風。（“罷黜百家”以下語本《漢書·武帝紀》“贊語”）

孝昭皇帝③始元五年（前82）詔曰：“朕以眇［miǎo］身（猶言微末之身，為帝王之謙稱）獲保宗廟（本為天子、諸侯祭祀祖先之所，此代稱國家王室，獲保宗廟為即為帝位謙辭），戰戰慄慄，夙興夜寐（早起晚眠），修古帝王之事，通《保傅傳》，《孝經》、《論語》、《尚書》未云有明賈誼作《保傅傳》在《禮·大戴記》，帝雖通此書，而《孝經》、《論語》、《尚書》猶未能明也。④ 其令三輔⑤、太常舉賢良（漢代察舉科

---

① 古時曆法，年始曰正，月初曰朔，一年第一天稱正朔。夏正建寅，以正月為歲首；殷正建丑，以十二月為歲首；周正建子，以十一月為歲首。改正朔即表示王者受命于天，不與前代相襲。漢初承秦制，以十月為歲首。武帝太初元年（前104），制定新曆法，改以建寅之月即正月為歲首，此後沿襲於清而不變。

② 詩樂指合樂的詩歌，是禮樂教化手段，武帝因祥瑞、大事多作詩樂，如《白麟之歌》、《天馬之歌》、《瓠子之歌》等。然明人王褘譏之：“武帝一《紀》征伐、宮室、祭祀、詩樂之事，無歲無之，獨農桑之務未嘗及焉。”

③ 即漢昭帝劉弗陵（前94–前74），漢武帝少子，謚號為孝昭皇帝。昭帝即位年僅八歲，政事委於外戚霍光。因武帝征戰，時海內虛耗，民生凋敝，故輕徭薄賦，與民休息。始元二年（前81）召集郡國賢良文學會議鹽鐵，旋罷榷沽。由於與匈奴恢復和親，在位14年間政治較為安定，社會經濟有所恢復。

④ 此處文字句讀歷來頗多爭議，顏師古注《漢書》稱：“文穎曰：‘賈誼作《保傅傳》，在《禮大戴記》。言能通讀之也。’晉灼曰：‘帝自謂通《保傅傳》，未能有所明也。’臣瓚曰：‘帝自謂雖通舉此四書，皆未能有所明，此帝之謙也。’師古曰：‘晉、瓚之說皆非也。帝自言雖通《保傅傳》，而《孝經》、《論語》、《尚書》猶未能明也。’”祖禹用師古之說故句斷於《保傅傳》後，然清末王先謙作《漢書補注》，又列朱人劉敞，清人李慈銘異說，且言：“昭帝此詔謙言無所通曉，何必以通《保傅傳》自表，李說是，諸說非也”。

⑤ 三輔，西漢治理京畿地區的三個職官合稱，亦指其所轄區域。漢初京畿官稱內史，景帝分置左、右內史，與主爵中尉（後改都尉）合稱三輔。武帝更主爵都尉為右扶風，右內史為京兆尹，左內史為左馮翊，治所皆在長安城中。

目)各二人,郡國(經過削藩、推恩,諸侯國已經與郡縣無異,行政由中央控制)文學(漢代察舉科目)高第各一人。"(事見於《漢書·昭帝紀》)蔡義以《韓詩》授帝,博士韋賢①亦進授帝《詩》。

中宗孝宣皇帝②高材好學,年十八,師受《詩》、《論語》、《孝經》。元康元年(前65),詔曰:"朕不明六藝(即六經,《易》、《書》、《詩》、《禮》、《樂》、《春秋》),鬱於大道鬱,不通也,是以陰陽風雨未時。其博舉吏民,厥身修正,通文學,明於先王之術,宣究(深入推求,窮盡)其意者各二人,中二千石(漢代官吏秩位之一。中,即滿,九卿皆為中兩千石,銀印青綬)各一人。"甘露三年(前51),詔諸儒講五經同異於石渠閣在未央殿北以藏秘書。太子太傅蕭望之③等平奏其議,帝親稱制臨決焉。④

_____

① 韋賢(前143-前62年),字長孺,魯國鄒(今山東鄒縣東南)人。性質樸,善求學,兼通《禮》、《尚書》,以《詩》教授,號稱鄒魯大儒。徵為博士,給事中。進授昭帝《詩》,遷光祿大夫詹事,大鴻臚。參與謀立宣帝,賜爵關內侯,徙為長信少府。前71年,代蔡義為丞相,封扶陽侯,後以老病辭官。事跡詳見《漢書》卷七三《韋賢傳》。

② 即漢宣帝劉詢(前91-前49),字次卿,漢武帝的曾孫,戾太子劉據的長孫,謚號孝宣皇帝,廟號中宗。宣帝幼遭巫蠱之禍,生長民間,元平元年(前74),大司馬霍光與大臣廢昌邑王劉賀後,被迎立為帝。宣帝在位二十六年,躬行節儉,設常平倉,蠲減稅賦,整飭吏治,重用文法之吏。對外大破匈奴和西羌,設立西域都護府。施政"以霸王道雜之",統治期間號稱"中興",然重用宦官外戚,遺患身後。

③ 蕭望之(？-前47),字長倩,東海蘭陵(今山東蒼山蘭陵鎮)人,後徙杜陵(今陝西西安東南)。主治齊《詩》,兼學諸經,是漢代魯《論語》的知名傳人。昭帝時以射策甲科為郎,猶深得宣帝信任,歷任少府、左馮翊、大鴻臚、御史大夫、太子太傅等職。宣帝臨終,與太子少傅周堪等受遺詔輔政,領尚書事。元帝時與用事宦官交惡,被誣下獄,雖遇赦任它官,終被迫自殺。事跡詳見《漢書》卷七八《蕭望之傳》。

④ 此即經學史上著名的石渠閣會議,相關討論情況曾彙編為《石渠奏議》一書,又名《石渠論》。書今已佚,唐杜佑《通典》保存有若干片段。

乃立梁丘《易》①、大小夏侯《尚書》②、《穀梁春秋》③博士。
（此段事見《漢書·宣帝紀》）

　　世祖光武皇帝④愛好經術，未及下車，先訪儒雅，採求
闕文，補綴漏逸。先是四方學士多遁逃林藪［sǒu］（多草之湖
澤），至是莫不抱負墳策（概指典籍），雲會京師。乃立五經博
士，各以家法⑤教授，太常差次（分別等級次序）總領焉。建武
五年（29），修起太學，備籩［biān］豆（古代祭祀及宴會時常用的兩種禮
器，竹制為籩，木制為豆）干戚（干，盾；戚，斧。武舞所執之具）之容。（語
本《後漢書·儒林列傳序》）帝受《尚書》，通大義，召桓榮⑥入說，
甚善之。每朝會（古時諸侯朝天子，春見稱朝，時見稱會，秦漢諸侯百官
見皇帝，皆稱朝會），輒令榮敷奏（敷，陳述。即奏陳）經義，帝稱善
曰：“得生幾晚！”拜榮為博士。車駕（帝王乘車而行，臣下不敢指

①　梁丘《易》，漢代“今文”《易》學派之一，由琅琊人梁丘賀創立。其說以筮占凶吉，
　　以災異言人事，東漢時極為盛行，降至晉永嘉之亂而亡。
②　大小夏侯《尚書》，夏侯勝及其侄夏侯建所傳授的《尚書》之學，兩者都屬“今文”系
　　統，但各成體系。自宣帝立博士，於王莽執政時，隆盛一時，東漢仍傳授不絕，但影
　　響已不如歐陽《尚書》，至晉永嘉之亂其學不傳。
③　《穀梁春秋》，《春秋》三傳之一，又稱《穀梁傳》、《春秋穀梁傳》，為今文經。據說為
　　戰國時魯人穀梁赤受《春秋》於子夏，並為之作傳，故名。其學略於史事，注重闡發
　　《春秋》之“微言大義”。
④　即光武帝劉秀（前6-57），字文叔，南陽蔡陽（今湖北棗陽西南）人，漢高祖九世孫，
　　東漢王朝創建者，廟號世祖，謚號光武皇帝。在位33年間，社會生產發展，專制主
　　義中央集權強化，史稱“光武中興”。
⑤　家法，漢初授經，皆由口授，敷講之後，句讀義訓互有歧異，乃分數家。師所傳授，
　　弟子一字不能易，界限甚嚴，稱為家法。至唐代，家法已基本消亡。
⑥　桓榮（？-59），字春卿，東漢沛郡龍亢（今安徽懷遠西北）人。少赴長安求學，從博
　　士朱普習歐陽《尚書》，後教授江淮間。建武十九年（43），年六十餘，始召為議郎，
　　入授太子。遷太子少傅，拜太常。明帝即位後，尊以師禮，甚見親重。事跡詳見
　　《後漢書》卷三七《桓榮傳》。

斥直呼,故以此代稱帝王)幸太學,會諸博士論難(辯論詰難)於前。
(事見《後漢書·桓榮傳》)自隴蜀平後未嘗復言軍旅,皇太子(即
明帝劉莊)嘗問攻戰之事,帝曰:"昔衛靈公①問陳(同"陣"),孔
子不對,此非爾所及。"②每旦視朝,日昃[zè](太陽偏西)乃罷,
數引公卿、郎、將講論經理,夜分乃寐。皇太子見帝勤勞不
息,承間(趁閒暇)諫曰:"陛下有禹湯之明,而失黃老(黃帝、老
子)養性之福。願頤(修養,保養)愛精神,優游(悠閒自得)自
寧。"帝曰:"我自樂此,不為疲也。"(事見《後漢書·光武紀下》)

　　顯宗孝明皇帝③為太子時,桓榮以少傅(官名。即太子少
傅,西漢置,職掌輔導太子,秩兩千石)授《尚書》,包咸④以郎中(官
名,職掌宿衛殿門,秩比三百石,由光祿勳主管,分屬諸中郎將統領)授《論
語》。及即位,尊榮以師禮,拜為太常。帝嘗幸太常府,令
榮坐東面⑤,設几杖(坐几和手杖,皆老者所用,古常用為敬老者之
物),會百官、驃騎將軍(官名。漢武帝始置,以霍去病為之,金印紫綬,

---

① 衛靈公(?-前493),春秋時衛國國君,姬姓,名元。衛襄公之子,前534-前493在
　　位。孔子曾兩次入衛來見,終不得用。
② 《論語·衛靈公第十五》:"衛靈公問陳於孔子。孔子對曰:'俎豆之事,則嘗聞之矣;
　　軍旅之事,未之學也。'明日遂行。"
③ 即漢明帝劉莊(28-75),字子麗,光武帝第四子,廟號顯宗,諡號孝明皇帝。在位
　　19年間,尊奉光武制度,整頓吏治,嚴明法令,省減租徭,提倡儒術,北擊匈奴,經營
　　西域。後世史家將其與其子漢章帝統治時期並稱"明章之治"。
④ 包咸(前6-65),字子良,東漢會稽曲阿(今江蘇丹陽)人。少為諸生,師事博士右
　　師細君,學習魯《詩》、《論語》。光武即位,舉為孝廉,封郎中,遷大鴻臚。明帝即
　　位,以咸有帝傅恩,特加賜俸祿,咸皆散於諸生之貧者。官郎中,入宮教授太子《論
　　語》,官至大鴻臚。事跡詳見《後漢書》卷七九下《儒林傳下·包咸傳》。
⑤ 古禮室內主位東向,賓位西向,以坐西向東為尊,此為明帝尊崇師道之舉,後代因
　　此以"西席"為塾師、幕友之代稱。

位同三公)東平王蒼①以下及榮門生數百人。帝自執業(業，書冊、書版。指捧書求教，受業)，每言輒曰："太師在是。"②(事見《後漢書·桓榮傳》)永平二年(59)，三雍(辟雍、明堂、靈臺的總稱，古代帝王舉行祭祀、典禮的場所)初成，以李躬為三老，桓榮為五更。③ 養老禮④畢，帝正坐自講，諸儒執經問難於前，冠帶縉紳之人，圜[huán](環繞)橋門而觀聽者(辟雍四門外有水，以橋相通，並無院牆，故得圜門觀之)，蓋億萬計。(事見《後漢書·儒林列傳》)榮疾篤，帝問之，入街下車，擁經而前(時太學生執經一卷以代手版，明帝"擁經而前"即表示以弟子自處)，撫榮垂涕，賜以牀茵帷帳、刀劍衣被。榮卒，帝變服臨喪送葬。(語本《後漢書·桓榮傳》)五年(62)，以包咸為大鴻臚⑤，每進見，錫(通"賜"，給予，賜給)以几杖，入屏(即照壁，宮殿當門之小牆)不趨(古代一種禮節，

---

① 東平王蒼，即劉蒼(？-83)，明帝同母弟。少好經書，建武十五年(39)，封東平公，十七年，進爵為王。明帝即位，拜驃騎將軍，位在三公之上，後以至親輔政，聲望日重，恐遭猜忌，退就藩國。章帝時，恩禮逾於前世，諸王莫比。卒，謚憲王。事跡詳見《後漢書》卷四二《光武十王傳·東平憲王蒼傳》。

② 《東觀漢記》載："時執經生避位發難，上謙曰'大師在是'也。"

③ 李躬，《後漢書》無傳。《東觀漢記》卷一六："三老常山李躬，年耆學明，以二千石祿養終身。"三老於秦漢之時本為掌教化鄉官，置於縣鄉，此國之三老，五更為明帝尊"古制"新設。《禮記·文王世子》："適東序，釋奠於先老，遂設三老、五更、群老之席位焉。"鄭玄注："三老、五更各一人也，皆年老更事致仕者也，天子以父兄養之，示天下之孝悌也。名以三五者，取象三辰五星，天所因以照明天下者。"

④ 養老禮，本為古禮，即按時對年高德劭耆老者餉以酒食而敬禮之，明帝於其基礎上實行為朝廷典禮，儀式主要為於學中(辟雍)宴饗三老、五更。後人對此評價頗高，宋儒葉適《習學記言》稱："孝明行養老禮，意旣篤實，文亦丁寧，可謂三代之後曠千載而一遇也。"

⑤ 大鴻臚，官名。漢承秦置，秩中兩千石，九卿之一。本名典客，漢景帝中元六年(前144)改名大行令，武帝太初元年(前104)改名大鴻臚，新莽改為典樂，東漢復稱大鴻臚。屬官有行人、譯官、別火三令丞及郡邸長、丞等。因所轄諸王入朝、郡國上計、封拜諸侯及少數民族首領等多與禮儀有關，後遂變為贊襄禮樂之官。

小步快走,以示恭敬),贊事不名(即不必行禮稱名)。經傳有疑,輒
遣小黃門(官名。東漢置,名義上隸屬少府,位次中常侍,六百石,掌侍左
右,受尚書事,關通中外)就舍即問。(事見《後漢書·儒林傳下·包咸
傳》)九年(66),為四姓小侯①立學,置五經師,自期門、羽林
之士②,悉令通《孝經》章句(剖章析句,經家解說經義的一種方
式),匈奴亦遣子入學。濟濟乎,洋洋乎,盛於永平矣。(事
見《後漢書·孝明帝紀》及《儒林列傳》)

　　肅宗孝章皇帝③為太子時,張酺④侍講,及即位,出為
東郡(今河南濮陽)太守。元和二年(85),東巡狩(謂天子出行,視
察邦國州郡。《孟子·梁惠王下》:"天子適諸侯曰巡狩。巡狩者,巡所守
也")幸東郡,引酺及門生并郡縣掾史⑤會庭中。帝先備弟
子之儀,使酺講《尚書》一篇,然後修君臣之禮。(事見《後漢

---

① 四姓小侯,東漢外戚樊、郭、陰、馬四姓的子弟,因其並非列侯,而位勢既高,故稱小
　侯。另《顏氏家訓》稱,以小年獲封故曰小侯。
② 期門,漢代禁軍名。漢武帝建元三年(前138)置,掌執兵出入護衛,隸光祿勳,無
　員數,多至千人。平帝元始元年(1)更名虎賁郎,光武帝時仍稱期門,從征伐,後復
　稱虎賁。羽林,漢代禁軍名,性質同於期門,職掌宿衛送從,隸光祿勳,地位較期門
　低。漢武帝太初元年(前104)始置,初名建章營騎,後稱羽林騎。
③ 即漢章帝劉炟[dá](57-88),明帝第五子,廟號肅宗,謚號孝章皇帝。在位
　14年間,一改其父苛察,事從寬厚,素好儒術,令諸儒于白虎觀講論《五經》異
　同,令班固等據以作《白虎通》。時外戚竇憲驕擅,章帝待以寬厚,遂開外戚
　專權之始。
④ 張酺(?-104),字孟侯,東漢汝南細陽(今安徽阜陽北)人。張酺少從祖父張充受
　《尚書》,又師事太常桓榮。明帝時以《尚書》教授四姓小侯,除為郎,入授皇太子。
　章帝即位,待以師長之禮,擢為侍中、虎賁中郎將。數月,出為東郡太守。和帝初,
　遷魏郡太守。入朝為河南尹,不畏外戚,正竇氏家人之罪。後歷任太僕、太尉、光
　祿勳、司徒,卒於官。事跡詳見《後漢書》卷四五《張酺傳》。
⑤ 掾史,官名,掾與史的合稱。漢衙署分曹辦事,曹有掾與史,掾為長而史次之。漢
　代掾史由主官辟任,各地郡守,刺史,州牧可自行任免。唐宋以後,掾史之名漸移
　於胥吏。

書·張酺傳》)還過魯，幸闕里(地名，即孔子故里，孔子曾講學於此，後代於其地建孔廟)，以太牢(古代祭祀，牛羊豕三牲具備謂之太牢)祀孔子及七十二人(《史記·孔子世家》:"孔子以詩書禮樂教，弟子蓋三千焉，身通六藝者七十有二人")，作六代之樂(黃帝曰"雲門"，堯曰"咸池"，舜曰"大韶"，禹曰"大夏"，湯曰"大護"，周曰"大武")，大會孔氏男子二十以上者六十三人，命儒者講論。蘭臺令①孔僖②因自陳謝，帝曰:"今日之會，寧於卿宗有光榮乎?"對曰:"臣聞明王聖主，莫不尊師貴道。今陛下親屈萬乘，辱臨敝里，此乃崇禮先師，增煇(同"輝")聖德。至於光榮，非所敢承。"帝大笑曰:"非聖者子孫，焉有斯言乎?"遂拜僖郎中。(事見《後漢書·儒林列傳·孔僖傳》)帝降意儒術，特好《古文尚書》③、《左氏傳》。建初四年(79)，會諸儒於北宮白虎觀(漢宮觀名)，講論五經同異。使五官中郎將④魏應⑤承制問

---

① 蘭臺令，官名，東漢置，即蘭臺令史，屬御史中丞，秩六百石。《後漢書·百官志》稱"掌奏及印工文書"。蘭臺為宮內藏書之處，故蘭臺令史掌校訂文字。

② 孔僖(? -88)，東漢魯人，字仲和，御史孔豐之子，孔子十九代孫。歷任蘭臺史令、郎中、臨晉令，卒於官。事跡詳見《後漢書》卷七九上《儒林列傳·孔僖傳》。

③ 《古文尚書》，漢代以先秦古文書寫的《尚書》，相對於用當時流行隸書書寫的"今文"《尚書》。西漢文帝時，伏生傳授《尚書》二十九篇，是為今文。武帝末年，據說魯恭王從孔宅壁中得古文《尚書》，比伏生所傳多十六篇，后孔安國獻於朝廷，哀帝時劉歆請立於官學。

④ 五官中郎將，官名，秩比二千石，主五官郎。西漢沿秦置五官、左、右三中郎將，分統郎官，號為三署。東漢規定，郎官五十歲以上者屬五官中郎將，餘分屬左右中郎將。掌宿衛殿門、出充車騎，又協助光祿勳典領郎官選舉。

⑤ 魏應(? -90)，字君伯，任城(今山東濟寧)人。少好學，建武初，入洛陽投博士門下受業，習魯《詩》。明帝時為博士，歷任侍中、大鴻臚、光祿大夫。以通經、有德行著稱，士子多從問學。章帝即位，任五官中郎將，白虎觀議經時執掌應對難問。後出為上黨太守，又任騎都尉，卒於官。事跡詳見《後漢書》卷七九下《儒林列傳·魏應傳》。

（問難），侍中①淳于恭②奏，帝親稱制臨決，如石渠故事。（事
見《後漢書·儒林列傳》）

　　後魏高祖孝文皇帝③好讀書，手不釋卷，五經之義，覽
之便講，史傳百家，無不該涉（語本《魏書·高祖孝文帝紀》）。親
講《喪服》④於清徽堂，從容謂羣臣曰："彥和⑤、季豫⑥等，年
在蒙稚（幼稚無知），早登纓紱（亦作"纓黻"，冠帶與印綬，借指官位），
失過庭之訓（典出《論語·季氏》"鯉趨而過庭"之事，用指父親的教誨、訓

---

① 侍中，官名。秦始置，兩漢沿置，為正規官職外的加官之一。因侍從皇帝左右，出
　入宮廷，與聞朝政，逐漸變為親信貴重之職。

② 淳于恭，字孟孫，東漢淳于（今山東安丘）縣人。善說《老子》，清靜不慕榮名。客
　隱琅邪黔陬山，遂數十年。建初元年，肅宗下詔美恭行實，告郡賜帛二十匹，遣詣
　公車，除為議郎。引見極日，訪以政事，遷侍中騎都尉，禮待甚優。其所薦名賢，無
　不徵用。進對陳政，皆本道德，帝與之言，未嘗不稱善。五年，病篤，使者數存問，
　卒於官。事跡詳見《後漢書》卷三九《淳于恭傳》。

③ 即北魏孝文帝拓跋宏（467-499），后改漢姓元宏，獻文帝拓跋弘的長子，諡孝文皇帝，
　廟號高祖，北魏第六任君主。孝文帝在位 28 年，即位時僅 5 歲，祖母馮太后執政。
　馮氏為漢人，對鮮卑人建立之北魏王朝進行了一系列漢化改革。太和十四年（490）
　馮太后病逝，孝文帝親政，進一步推行改革。其主要舉措大略有：由平城（今山西大
　同）遷都洛陽；改鮮卑姓氏為漢姓，同時要求講漢話、衣漢服、改籍洛陽，鼓勵與漢族
　通婚；參照漢族門閥制度，確定鮮卑族的門第高低；依據南朝典章制度，制定官制朝儀。

④ 《喪服》，即《儀禮》第十一篇《喪服》，主要記載對死去親屬根據親疏遠近而在喪服
　和服期上各有差異的制度，《禮記·喪服四制》是對其進行的解說。

⑤ 彥和，即元勰（473-508），獻文帝子，孝文帝弟，字彥和。孝文帝太和九年（485）封
　始平王，加侍中、征西大將軍。後為中書令，改封彭城王。宣武帝立，欲以勰為宰
　輔，勰屢求退。被讒，作《蠅賦》以見志。永平元年（508）九月，為高肇所誣，遂以毒
　酒殺之。勰勤學多識，品端行正，為孝文帝改革積極支持者，孝文帝逝世後，堅行遺
　詔，擁立宣武帝，穩定了北魏政局。事跡詳見《魏書》卷二一下《彭城王勰傳》。

⑥ 季豫，即元詳（？-504），獻文帝子，孝文帝弟，字季豫。歷任侍中、司空、大將軍、
　錄尚書事、太尉、太傅等，封北海王。詳美姿容，為人荒淫貪婪，多行不法。孝文帝
　死後，受遺詔輔政。正始元年（504），為高肇所譖，廢為庶人，幽禁終身，其僕欲劫
　詳出，事聞，為宣武帝派人所殺。永平元年（508）十月，以王禮改葬。事跡詳見《魏
　書》卷二一下《北海王詳傳》。

導),並未習《禮》,每欲令我一解《喪服》。自審義解浮疏,抑而不許。頃因酒坐,脫爾言從(簡慢、輕率地同意),故屈朝彥(朝廷之俊才,指群臣),遂親傳說。將臨講坐(坐,即座,講席、講壇),慚戰交情(意即慚愧戰慄之情交之於心)。"御史中尉①李彪②對曰:"自古及今,未有天子講《禮》。陛下聖叡(同"睿")淵明,事超百代,臣得親承音旨,千載一時。"(事見《魏書·彭城王勰傳》)

　　唐太宗文武大聖大廣孝皇帝③初為天策上將④,開天策府,置官屬⑤。乃開館於宮西,延四方文學之士,出教(諸王出命曰"教")以王府屬杜如晦⑥,記室(官名。東漢置,掌章表

---

① 御史中尉,官名。北魏由御史中丞改置,北周初曾沿用。北魏戰時體制中的御史中尉帶有軍中執法性質,便於監察武官。

② 李彪(444-501),北魏衛國縣(今山東觀城縣)人。家世寒微,少孤貧,有大志,篤學不倦。孝文帝初,為中書教學博士,出使蕭賾,遷秘書丞,參與著作等事務。後遷御史中尉,領著作郎,以專權諮行為人彈劾,免職還鄉。宣武帝時謀復官,不果,景明二年(501)秋,卒於洛陽。事跡詳見《魏書》卷六二《李彪列傳》。

③ 即李世民(599-649),唐高祖李淵次子,諡文皇帝,廟號太宗,在位23年。隋末,隨其父李淵起兵太原。李淵即帝位,為尚書令,封秦王,率軍平定各地割據勢力。武德九年(626),發動"玄武門之變",旋即帝位,改元貞觀。在位期間,以隋亡為戒,虛懷納諫,任人唯賢,注重吏治,興修水利,史稱"貞觀之治"。此外經略西北二邊,平東突厥、吐谷渾、高昌,略定唐朝版圖,西北各族尊為"天可汗"。惟中年以後,年年征戰,營繕相繼,賦役漸重,疏忌直臣。晚年自言其過以告太子。

④ 天策上將,官名。天策府是武官官府之首,在十四衛府之上;天策上將可以自己招募人才作為天策府中官員,即所謂的"許自置官屬"。唐高祖為賞李世民功特創的官號,位在親王、三公之上,後不置。

⑤ 《資治通鑒》胡三省注曰:"天策府置長史、司馬各一人,從事中郎二人並掌通判府事。軍諮祭酒二人,謀軍事,贊相禮儀,應接賓客。典籤四人,掌宣傳導引之事。主簿二人,掌省覆教命。錄事二人,記室參軍事二人,掌書疏表啓,宣行教命。功、倉、兵、騎、鎧、士六曹軍曹各二人,參軍事六人。"

⑥ 杜如晦(585-630),字克明,京兆杜陵(今陝西西安東南)人。隋末曾任滏陽尉。唐兵入關中,秦王李世民引為府兵曹參軍,從征討,畫策謀,臨機而斷,深為時輩所服,為十八學士之首。太宗即位後,擢兵部尚書,累封蔡國公,改吏部尚書,遷尚書右僕射,與房玄齡共掌朝政,臺閣規模、典章制度皆二人裁定,深得重用。事跡詳見《舊唐書》卷六六、《新唐書》卷九六《杜如晦傳》。

書記文檄。後世因之，或稱記室督、記室參軍等）房玄齡①、虞世南②，文學③褚亮④、姚思廉⑤，主簿⑥李玄道⑦，參軍⑧蔡允恭⑨、薛元

---

① 房玄齡(579-648)，名喬，以字行，齊州臨淄(今山東淄博東北)人。隋開皇中舉進士，任隰城尉。唐兵入關中，歸李世民，任秦王府記室。從征伐，參謀帷幄，草擬文書。太宗即位，擢為中書令，後任尚書左僕射，監修國史。前後為相二十餘年，選賢立政，立法處今，務在寬平。累封梁國公，曾主持編撰《晉書》，親注《管子》。事跡詳見《舊唐書》卷六六、《新唐書》卷九六《房玄齡傳》。

② 虞世南(558-638)，字伯施，越州余姚(今屬浙江)人。陳時，與兄虞世基從顧野王學，入隋，官秘書郎。曾任李世民秦王府記室，後官至秘書監，封永興縣子。編有《北堂書鈔》傳世。能文辭，工書法，筆致圓融遒麗，與歐陽詢、褚遂良、薛稷並稱為"唐初四大書家"。事跡詳見《舊唐書》卷七二、《新唐書》卷一〇二《虞世南傳》。

③ 文學，官名。此為秦王府文學。漢代於州郡及王國置文學，掌地方教育，或稱文學掾。晉及隋唐時，太子與諸王下亦置文學，輔導王侯讀書作文。

④ 褚亮(560-647)，字希明，杭州錢塘(今浙江杭州)人，祖籍陽翟(今河南禹州)。博覽強記，善屬文，陳、隋時已以文學顯名。武德元年(618)歸唐，授秦王府文學。太宗每有征伐，侍從軍中，參預謀劃，從容諷議。貞觀年間升至通直散騎常侍。事跡詳見《舊唐書》卷七二、《新唐書》卷一〇二《褚亮傳》。

⑤ 姚思廉(557-637)，名簡，以字行，雍州萬年(今陝西西安)人。在陳為會稽王主簿，入隋為漢王府參軍，遷代王楊侑侍讀。入唐，為秦王文學館學士，太子洗馬。貞觀初，遷著作郎，弘文館學士，官至散騎常侍。唐修晉、南北朝諸史，思廉根據其父姚察舊稿，兼採他書，於貞觀十年撰成《梁書》、《陳書》。事跡詳見《舊唐書》卷七三、《新唐書》卷一〇二《姚思廉傳》。

⑥ 主簿，官名。此為秦王府主簿。漢代中央及郡縣官署均置此官，以典領文書、辦理事務。魏晉以後，漸為統兵開府之大臣幕府中重要僚屬，參與機要，總領府事。唐宋以後，各官署及州縣雖仍設此官，但職任漸輕。

⑦ 李玄道(? -629)，出自隴西李氏姑臧大房，世居鄭州(今屬河南)，為山東冠族。隋時為齊王府屬。李密據洛口，引為記室，後為王世充所執，為著作佐郎。李世民平王世充，為秦王府主簿。太宗貞觀初年，累遷給事中。出為幽州長史，輔佐都督王君廓，後王君廓謀反，受牽連。起復為常州刺史，甚有惠政。貞觀三年(629)，年老致仕。事跡詳見《舊唐書》卷七二、《新唐書》卷一〇二《李玄道傳》。

⑧ 參軍，官名。此即秦王府參軍。東漢末始有"參某某軍事"的名義，謂參謀軍事。簡稱"參軍"。晉以後軍府和王國始置為官員。沿至隋唐，兼為郡官。

⑨ 蔡允恭，荊州江陵(今屬湖北)人。美姿容，有風采，善綴文。在隋歷任著作佐郎、起居舍人。隋末，相繼被宇文化及、竇建德延攬。入唐，為李世民秦王府參軍兼文學館學士。貞觀初年，除太子洗馬。著有《後梁春秋》十卷。事跡詳見《舊唐書》卷一九〇上《文苑上·蔡允恭傳》、《新唐書》卷二〇一《文藝上·蔡允恭傳》。

敬①、顔相時②,諮議典籤(官名。唐代諸王府屬官,掌管文書)蘇勗
[xù]③,天策府從事中郎(官名。將帥府的幕僚,主管文書,察舉非法)
于志寧④,軍諮祭酒(官名。晉朝因避司馬師諱,由軍師祭酒改,是軍府
參議官員的首領)蘇世長⑤,記室薛收⑥、倉曹(官名。此即倉曹參軍,魏

---

① 薛元敬,字子誠,蒲州汾陰(今山西萬榮)人。與叔父薛收、族兄薛德音齊名,均以
文學見長,世稱"河東三鳳"。高祖武德初曾任秘書郎,秦王李世民召為天策府參
軍兼值記室,杜如晦稱之為"小記室",又與房玄齡、杜如晦等同為文學館學士。後
李世民為太子,任太子舍人,掌軍府書檄和朝廷誥令,深得賞識。事跡詳見《舊唐
書》卷七三、《新唐書》卷九八《薛元敬傳》。

② 顔相時(約618-645),字睿,雍州萬年縣(今陝西西安)人。顔之推之孫,顔思魯之
子,與兄顔師古皆學問深厚。武德年,為李世民屬下天策府參軍事、文學館學士。
貞觀中,拜為諫議大夫,有諫諍之風,轉禮部侍郎。相時羸瘠多疾病,太宗常使賜
以醫藥。顔師古亡故後,相時不勝哀惜而卒。事跡附於《舊唐書》卷七三、《新唐
書》卷一九八《儒學上·顔師古傳》。

③ 蘇勗,字慎行,京兆武功(今陝西武功西北)人,隋相蘇威之孫。高祖武德間為秦
王府諮議典籤兼文學館學士,尚高祖女南康公主,拜駙馬都尉,後任太宗四子魏
王李泰王府司馬。貞觀十二年(638),勸魏王奏請撰《括地志》,與蕭德言、顧
胤、蔣亞卿、謝偃等撰《括地志》五百五十卷,又《序略》五卷。累官至吏部侍
郎,太子左庶子,卒。事跡附於《舊唐書》卷八八、《新唐書》卷一二五,其侄《蘇
瓌傳》。

④ 于志寧(588-665),雍州高陵(今屬陝西)人,字仲謐。隋末棄官歸里,後投李淵為
參贊軍事,累授天策府從事中郎、文學館學士。貞觀三年(629)任中書侍郎、行太
子左庶子。曾多次勸諫太子李承乾,幾被刺死。高宗即位,進封燕國公。永徽二
年(651)拜相,尋進太子太師。參撰律令格式、典禮。高宗廢后,志寧中立,為武后
所不容,累貶華州刺史,以年老致仕。事跡詳見《舊唐書》卷七八、《新唐書》卷一
〇四《于志寧傳》。

⑤ 蘇世長,京兆武功(今陝西武功西北)人。少好學,善應對,北周武帝時,年僅十餘
歲即上書言事。仕隋為長安令,累官至都水少監,督漕運。隋末為王世充太子太
保,行臺右僕射。武德四年(621)降唐,為諫議大夫,歷陝州長史、天策上將府軍諮
祭酒。太宗貞觀初出使突厥,後出為巴州刺史,舟覆溺死。事跡詳見《舊唐書》卷
七五、《新唐書》卷一〇三《蘇世長傳》。

⑥ 薛收(592-624),字伯褒,蒲州汾陰(治今山西萬榮縣西南)人。其父薛道衡為著
名文士,官隋内史侍郎,為隋煬帝所殺,故不肯仕隋。因房玄齡薦入秦王府,授主
簿,起草書檄露布,均一揮而就。武德七年(624)授天策府記室參軍,旋卒,年僅三
十三歲。事跡詳見《舊唐書》卷七三、《新唐書》卷九八《薛收傳》。

晉以來諸公府及主要將軍府皆置,掌本府廩祿請給、財貨市易等事)李守素①,
國子助教(官名。國子監的掌教官員,地位低於國子博士)陸德明②、
孔穎達③,信都(地名。今河北冀州)蓋文達④,宋州(今河南商丘)
總管府(官署名。北周始置,為地方最高行政機構,管轄數州軍事民政,隋
唐因之,將帥出征或設行軍總管府)戶曹(本為官署名,此為其長官戶曹參
軍事省稱,掌民戶、祭祀、農桑等事)許敬宗⑤,並以本官兼文學館
學士,分為三番,更日直宿,供給珍膳,恩禮優厚。帝朝謁
公事之暇,輒至館中,引諸學士討論文籍,或夜分而寢。

---

① 李守素,趙州(今河北趙縣)人,世代為山東名族。唐初為秦王李世民任為天策府
　倉曹參軍,並以本官兼文學館學士。精通氏族學,人稱"肉譜"。貞觀初卒。事跡
　詳見《舊唐書》卷七二、《新唐書》卷一○二《李守素傳》。
② 陸德明(約550-630),蘇州吳(今江蘇蘇州)人,名元朗,以字行。歷仕陳、隋,隋煬
　帝時為秘書學士、國子助教。入唐,秦王李世民召為文學館學士,任太學博士,轉
　國子博士。貞觀三年(629)去世。所著《經典釋文》三十卷,采漢、魏、六朝音切,
　凡二百三十餘家,又兼采諸儒訓詁,考證各本異同,考訂經學傳授源流,開唐人義
　疏之先聲。事跡詳見《舊唐書》卷一八九上、《新唐書》卷一九八《儒學上·陸德
　明傳》。
③ 孔穎達(574-648),字沖遠,冀州衡水(今屬河北)人,孔子三十二代孫。少時曾從
　大儒劉焯問學,隋大業初,舉"明經"高第,授河內郡博士,補太學助教。入唐,歷任
　國子博士、國子司業、國子祭酒。曾與魏徵等撰成《隋書》,又奉唐太宗命編纂《五
　經正義》,融合南、北經學家的見解,是集魏晉南北朝以來經學大成的著作。事跡
　詳見《舊唐書》卷七三《孔穎達傳》、《新唐書》卷一九八《儒學上·孔穎達傳》。
④ 蓋文達,冀州信都(今河北邢臺)人。博通經史,尤以治《春秋三傳》聞名,師從劉
　焯,與蓋文懿兄弟皆名儒,人稱二蓋。入唐,累授國子助教,李世民召為秦王文學
　館學士。貞觀十年(636)遷諫議大夫兼弘文館學士,除國子司業、崇賢館學士等
　職。事跡詳見《舊唐書》卷一九○上《文苑上·蓋文達傳》、《新唐書》卷一九八《儒
　學上·蓋文達傳》。
⑤ 許敬宗(592-672),字延族,杭州新城(今浙江富陽西南)人。隋大業中舉秀才,官
　直謁者臺奏通事舍人事。唐武德初,為漣州別駕。貞觀中,為著作郎,兼修國史。
　貶洪州司馬,累轉給事中,復修史。尋檢校中書侍郎,專掌誥令。高宗即位,擢禮
　部尚書。後攀附武后,助其逐殺異己。歷侍中、中書令、右相,拜太子少師。事跡
　詳見《舊唐書》卷八二《許敬宗傳》、《新唐書》卷二二三上《奸臣上·許敬宗傳》。

又使庫直(秦王府屬官,掌倉儲)閻立本①圖像,褚亮為贊,號
"十八學士"。士大夫得預其選者,時人謂之登瀛洲②(按,
此段文字與祖禹參撰《資治通鑑》卷一八九所記略同,本出自王溥《唐會要》
卷六四"文學館"條)。

　　武德九年(626),帝即位於弘文殿,聚四部(中國古代圖書
分類法分經、史、子、集四部)書二十餘萬卷,置弘文館③於殿側。
精選天下文學之士虞世南、褚亮、姚思廉、歐陽詢④、蔡允
恭、蕭德言⑤等,以本官兼學士,令更日宿直。聽朝之暇,
引入內殿講論前言往行,商確政事,或至夜分乃罷。又取
三品已上子孫,充弘文館學生。(此段文字出自王溥《唐會要》卷
六四"弘文館"條,亦見《資治通鑑》)

　　貞觀二年(628)正月,帝著《金鏡述》以示侍臣,其畧

---

① 閻立本(?-673),雍州萬年(今陝西西安)。其父閻毗、兄閻立德,同有畫名,俱傳
　　家法。太宗貞觀中,官主爵郎中。高宗顯慶時,以將作大匠代兄為工部尚書,總章
　　元年(668)為右相,咸亨元年(670)任中書令。曾畫《秦府十八學士圖》、《凌煙閣
　　功臣圖》著稱於時,作品今存有《步輦圖》、《職貢圖》、《歷代帝王圖》等。事跡詳見
　　《舊唐書》卷七七、《新唐書》卷一《閻立本傳》。
② 《通鑑》胡三省注曰:"自來相傳海中有三神山,蓬萊、方丈、瀛洲,人不能至,至則成
　　仙矣,故以為喻。"
③ 弘文館,官署名。唐武德四年(621年)置修文館于門下省。九年(626),太宗即
　　位,改名弘文館。聚書、置學士,掌校正圖籍,教授生徒,並參議朝廷制度沿革、禮
　　儀輕重之事。
④ 歐陽詢(約557-約641),字信本,潭州臨湘(今湖南長沙)人。仕隋為太常博士,遷
　　給事中。入唐,官至太子率更令,弘文館學士。主編《藝文類聚》一百卷。工書法,
　　楷書險勁瘦硬,人稱"歐體",為"唐初四大書家"之一。事跡詳見《舊唐書》卷一八
　　九上、《新唐書》卷一九八《儒學上・歐陽詢傳》。
⑤ 蕭德言(558-654),南蘭陵(今江蘇武進西北)人。以精研《左氏春秋》著名,好屬
　　文。陳亡,遷居關中。貞觀中除著作郎,兼弘文館學士。高宗為晉王,德言奉召授
　　經講業。尋賜爵封陽縣侯,拜秘書少監。高宗嗣位,以師傅恩,加銀青光祿大夫。
　　永徽五年(654),卒於家,年九十七。事跡詳見《舊唐書》卷一八九上、《新唐書》卷
　　一九八《儒學上・蕭德言傳》。

曰："亂未嘗不任不肖，治未嘗不任忠賢。任忠賢則享天下之福，用不肖則受天下之禍。"（全文見《太平御覽》卷五九一）

　　十四年（640）二月，幸國子監（官署名。隋代始置，為最高學府及教育行政管理機構），觀釋菜①，命祭酒孔穎達講《孝經》，賜祭酒以下至諸生高第帛有差。② 是時帝大徵天下名儒為學官，數③幸國子監，使之講論，學生能用一大經已上皆得補官。④ 增築學舍千二百間，增學生滿三千二百六十員。自屯營飛騎⑤，亦給博士，使授以經，有能通經者，聽得貢舉（此指科舉考試）。於是四方學者雲集京師，乃至高麗、百濟、新羅（以上三國皆朝鮮半島古國）、高昌⑥、吐蕃⑦諸酋長亦遣子弟請入國學，升講筵者至八千餘人。帝以師說多門，章

①　釋菜，也作"釋采"。古代讀書人入學時以蘋蘩之屬祭祀先聖先師的一種典禮。此處其他文獻多作"釋奠"，如《通典》卷五三、《舊唐書》卷七三，兩禮相近而稍有不同，釋奠是設薦俎饌酌而祭，釋菜是以菜蔬設祭。又《通鑒》胡三省注此曰："按唐國子監在安上門西。唐制：仲春仲秋釋奠于文宣王，皆以上丁、上戊，以祭酒、司業、博士三獻。"

②　《通鑒》胡三省曰："《周官》有師氏，保氏。漢始置祭酒博士，晉始立國子學。唐國子祭酒，從三品，掌邦國儒學訓導之政令。"

③　按，"數"原本作"教"，今據《通鑒》卷一九五改。

④　《通鑒》胡三省注曰："唐取士，以《禮記》、《春秋左氏傳》為大經，《詩》、《儀禮》、《周禮》為中經，《易》、《尚書》、《春秋公羊傳》、《穀梁傳》為小經。"

⑤　屯營飛騎，唐武德時，選太原起兵將士置北門（玄武門）屯營，所領兵號為"元從禁軍"。太宗貞觀十二年（638），分置左右屯營，所領兵名飛騎，隸屬左右屯衛。

⑥　高昌，西域古國名。自公元460年始，先後有闞氏高昌、張氏高昌、馬氏高昌及麴氏高昌，640年，唐滅麴氏高昌，以為西昌州，后改為西州。其地多漢魏以來屯戍西域的漢人後裔，語言、風俗、制度與中原大同小異。

⑦　吐蕃，古代藏族建立之政權。隋初勢力漸盛，唐初松贊幹布統一諸部，與唐和親，仿唐改制。至八世紀中葉強盛一時，西攻大食，南侵天竺，亦曾攻破長安城。此後日漸衰落，唐武宗會昌二年（842），吐蕃贊普達磨遇刺，王室紛爭，王朝趨於瓦解。

句繁雜,命孔穎達與諸儒撰定五經疏,謂之《正義》①,令學者習之。(以上文字與祖禹參撰《資治通鑑》卷一九五所記略同)

　　二十二年(648),帝撰《帝範》②十二篇以賜太子(即高宗李治),曰君體、建親、求賢、審官、納諫、去讒、戒盈、崇儉、賞罰、務農、閱武、崇文。且曰:"修身治國,備在其中。一旦不諱(言死不可復諱,婉言去世),更無所言矣。"(以上文字與祖禹參撰《資治通鑑》卷一九八所記略同,繫於正月己丑條下)

　　玄宗至道大聖大明孝皇帝③為太子時,褚無量④以國子祭酒侍講(即為之講學),及即位,加右散騎常侍⑤。(事見《舊唐書‧褚無量傳》)

―――――――――

① 《正義》,官方對《周易》、《尚書》、《毛詩》、《禮記》、《春秋》五經的注解之疏義,貞觀十六年(642)撰成,續有修正,唐高宗永徽四年(653)頒布,為此後科舉考試所依據標準文本。

② 《帝範》,亦稱《金鏡帝范》,為唐太宗戒子之作,言帝王治國、恭儉之道。宋時亡去六篇,今本為四庫館臣從《永樂大典》中輯出,有注文,疑為元人所作。又日本刊本二卷,有異文一百二十餘處,較四庫本為佳。

③ 即李隆基(685-752),唐睿宗第三子,諡至道大聖大明孝皇帝,廟號玄宗,又稱唐明皇,在位44年。李隆基英武善騎射,知音律,通曆象,善書法。早年對睿宗復位有擁立之功。先天元年(712),受睿宗禪登帝位,次年誅太平公主,取得了國家最高統治權。在位前期任用賢相,勵精圖治,國勢強盛,締造開元盛世。在位後期寵愛楊貴妃,怠慢朝政,寵信奸佞,加上政策失誤,終於釀成安史之亂,唐朝國勢轉衰。天寶十五載(756),逃入蜀中,太子李亨即位,尊其為太上皇。次年返京,幽居興慶宮,抑鬱而終。

④ 褚無量(646-720),字弘度,杭州鹽官(今浙江海寧西南)人。幼孤貧,勵志好學,猶精《三禮》、《史記》,明經及第。累除國子博士,景龍中,遷國子司業,兼修文館學士。玄宗即位,遷郯王傅,兼國子祭酒。尋以師傅恩遷左散騎常侍,仍兼國子祭酒,封舒國公。頻上書陳時政得失,有建議并主持繕寫校勘內府藏書。事跡詳見《舊唐書》卷一〇二《褚無量傳》、《新唐書》卷二〇〇《儒學下‧褚無量傳》。

⑤ 右散騎常侍,官名。三國魏始置,即漢代散騎和中常侍的合稱。在皇帝左右規諫過失,以備顧問。唐太宗曾以散騎常侍為散官,旋省去,後復置為職事官。高宗時分為左右,左屬門下省,右屬中書省,職掌相同,無實權,常為將相大臣加官。宋代不常置,金、元以後廢。

開元三年(715)，帝謂宰相曰："朕每讀書有所疑滯，無從質問。可選儒學之士，使入內侍讀。"盧懷慎①薦太常卿(官名。兩漢至南北朝前期為太常尊稱，南朝梁始定為官名，為太常寺長官，隋唐沿置，掌宗廟禮儀之事)馬懷素②，乃以懷素為左散騎常侍，與無量更日侍讀。每至閣[gé]門(古代宮殿側門，唐安史之亂後，正衙常參廢弛，皇帝於內朝延英殿聽政，故由閣門進入)，令乘肩輿(略同轎子，人以肩舉之而行)以進；或在別館道遠，聽於宮中乘馬。親送迎之，待以師傅之禮。以無量羸老，特為之造腰輿(胡三省注曰："腰輿，令人舉之適與腰平")，在內殿令內侍(即宦官)舁[yú](抬)之。(此段文字與祖禹參撰《資治通鑒》卷二一一所記略同，繫於秋七月條下)

五年(717)，懷素為秘書監③奏："省(秘書省)中書散亂訛缺，請選學術之士二十人整比校補。"從之。於是搜訪逸書，選吏繕寫，命國子博士尹知章④、桑泉尉(官名，即桑泉

① 盧懷慎(? -716)，滑州靈昌(今河南滑縣西南)人。先世家范陽，為山東著姓。進士出身，歷任監察御史、右御史臺中丞、黃門侍郎。開元初，任為同平章事，尋進黃門監，與姚崇對掌機樞。自認才不及崇，遇事皆推讓，時人謂之"伴食宰相"。性清儉，不置產業。臨終遺表所薦宋璟、李傑、李朝隱、盧從愿等，后皆為名臣。事跡詳見《舊唐書》卷九八、《新唐書》卷一二六《盧懷慎傳》。

② 馬懷素(659-718)，字惟白，潤州丹徒(今江蘇鎮江)人。少師事李善，博通經史，舉進士，又應制舉，中文學優贍科。累遷至御史。性格鯁直，剛直不阿，辨誣崔貞慎、獨孤褘，劾罷宰相李迥秀。開元初任戶部侍郎，進秘書監，兼昭文館學士，充侍讀，深為玄宗所禮。建言整理典籍，未竟其功而卒。事跡詳見《舊唐書》卷一〇二《馬懷素傳》、《新唐書》卷一九九《儒學中·馬懷素傳》。

③ 秘書監，官名。東漢始置，管理圖籍，屬太常寺。晉設秘書寺，後改為秘書省，省內置秘書監、秘書丞等官。唐代秘書省領著作、太史二局。自南北朝，秘書監即成為秘書省的長官，掌圖書、著作等事。明代秘書省併入翰林院。

④ 尹知章(? -718)，絳州翼城(今屬山西)人。少勤學，精《周易》、《老子》、《莊子》。武后時為定王府文學，歷任太常博士、陸渾縣(今河南嵩縣)令，坐事棄去，歸里講學。景龍中，中書令張說舉薦為禮部員外郎、國子博士。後馬懷素秘書省刊定經史，卒於官。事跡詳見《舊唐書》卷一八九下《儒學下·尹知章傳》、《新唐書》卷一九九《儒學中·尹知章傳》。

縣尉。桑泉縣故城在今山西臨猗縣東北。縣尉為縣署武官之長）韋述^①等
二十人同刊正，以褚無量為之使，於乾元殿（在東都洛陽，《舊
唐書·褚無量傳》：“玄宗令於東都乾元殿前施架排次，大加搜寫，廣采天下
異本”）前編校羣書。（此段文字與祖禹參撰《資治通鑒》卷二一一所記
略同，附於此年年末）

八年（720），無量卒，命右散騎常侍元行沖^②整比羣書。
行沖上《羣書四錄》^③，凡書四萬八千一百六十九卷。（此事
參祖禹參撰《資治通鑒》卷二一二，繫此於九年十一月丙辰）

十一年（723），置麗正書院，聚文學之士^④秘書監徐

---

① 韋述，京兆萬年（今陝西西安）人。景龍進士，任肥鄉令，開元初，任衛尉少卿，歷任
　集賢院直學士、集賢學士，累遷工部侍郎。在朝中掌管圖書四十年，任史官二十
　年，曾主持撰修武德以來《國史》，另有著述多種，且校書二萬餘卷。安祿山叛亂，
　韋述受偽官。亂平流渝州卒。事跡詳見《舊唐書》卷一〇二、《新唐書》卷一三二
　《韋述傳》。
② 元行沖（653-729），名澹，以字行，河南（今河南洛陽）人，北魏皇室後裔。博學多
　識，尤精音律、訓詁。進士出身，累官至通事舍人。開元初，為右散騎常侍、東都副
　留守。後遷大理卿，轉太子賓客、弘文館學士等職，封常山郡公。繼馬懷素、褚無
　量未盡之業，主持整理圖書。事跡詳見《舊唐書》卷一〇二《元行沖傳》、《新唐書》
　卷二〇〇《儒學下·元行沖傳》。
③ 《羣書四錄》，亦稱《群書四部錄》，二百卷，已佚。書成於開元九年（721）。初，馬
　懷素等擬以王儉《七志》體例編撰，後改用四部分類法，凡收載唐內府古今圖書二
　千六百五十五部，四萬八千一百六十九卷，并有大、小序及解題。
④ 《通鑒》胡三省注曰：“漢、魏以來，有祕書之職。梁於文德殿內藏聚羣書。北齊有
　文林館學士，後周有麟趾殿學士，皆掌著述。隋置羣書正副二本，藏於宮中，其餘
　以實秘書外閣。煬帝於東都觀文殿東西廂貯書。自漢延嘉至隋皆秘書掌圖籍，而
　禁中之書，時或有焉。太宗在藩，置學士十八人。其後弘文、崇文二館皆有學士，
　開元五年（717），乾元殿寫四部書，置乾元院使，有刊正官四人、知書官八人，分掌
　四庫書。六年（718），更號麗正修書院，置使及檢校官，改修書官為麗正殿學士。
　八年（720），加文學直，又加修撰、校理、判正、校勘官。十一年（723），置麗正院修
　書學士。十三年（725），改麗正修書院為集賢殿書院，五品以上為學士，六品以下
　為直學士，宰相一人為學士知院事，常侍一人為副知院事，又置判院一人，押院中
　使一人，又置集賢院侍講學士、侍讀直學士。其後又增修撰官、校理官、侍制官、留
　院官、知檢討官、文學直之類。”

堅^①、太常博士^②賀知章^③、監察御史^④趙冬曦^⑤等，或修書，或侍講，以張說^⑥為修書使以總之。有司供給優厚。中書舍人^⑦陸堅^⑧以為此屬無益於國，徒為糜費，欲悉奏罷之。

---

① 徐堅（？ -729），字元固，湖州長城（今浙江長興縣）人。進士出身。少孤好學，博學善文。初為萬年縣主簿，轉東都判官。中宗時任給事中。睿宗時，授太子左庶子兼崇文館學士，修國史，升黃門侍郎。玄宗時，歷絳州刺史、秘書監、左散騎常侍、集賢院學士。七入書府，熟悉典章制度，先後參修《唐六典》、《初學記》等。事跡詳見《舊唐書》卷一〇二《徐堅傳》、《新唐書》卷一九九《儒學中·徐堅傳》。

② 太常博士，官名。魏文帝初置太常博士，掌引導乘輿，撰定五禮儀注，監視儀物，議定王公大臣諡法等事。晉以後沿置，職稱清要，而品級不高。唐職掌同前代，官品從七品上。

③ 賀知章（659-744），字季真，越州永興（今浙江省蕭山）人。少以文辭知名，與包融、張旭、張若虛號“吳中四士”，又與陸象先、李白等友善。武后時中狀元，授國子四門博士，遷太常博士。後歷任禮部侍郎、秘書監、太子賓客等職。天寶三載（744）請為道士，告老還鄉，旋逝。知章為人曠達不羈，晚年尤縱，有詩名，工草隸。事跡詳見《舊唐書》卷一九〇中《文苑中·賀知章傳》、《新唐書》卷一九六《隱逸·賀知章傳》。

④ 監察御史，官名。隋開皇二年（582）改檢校御史為監察御史，始設。唐御史臺分為三院，監察御史屬察院，品秩低而許可權廣，掌“分察百僚，巡按郡縣，糾視刑獄，肅整朝儀”。

⑤ 趙冬曦（777-750），定州鼓城（今河北晉縣）人。進士出身。先天元年（712），中制舉賢良方正科，再舉藻思清華科。歷任左拾遺。開元初，遷監察御史，坐事流放岳州（今湖南岳陽）。後召還復官，入集賢院脩撰。累遷中書舍人，終老於國子祭酒。事跡詳見《新唐書》卷二〇〇《儒學下·趙冬曦傳》。

⑥ 張說（667-731），字道濟，又字說之，洛陽（今屬河南）人。武則天時應詔對策，得乙等，授太子校書郎。中宗時為兵部侍郎，加弘文館學士。睿宗景雲二年（711），進中書侍郎、同平章事，兼修國史。玄宗時，任中書令，封燕國公。前後三任宰相，掌文學之任凡三十年。擅長文學，當時朝廷重要辭章多出其手，與許國公蘇頲齊名，並稱“燕許大手筆”。事跡詳見《舊唐書》卷九七、《新唐書》卷一二五《張說傳》。

⑦ 中書舍人，官名。魏晉時於中書省內置中書通事舍人，至南朝梁去通事之名，改稱中書舍人。隋煬帝時曾改稱內書舍人，武則天改中書省為鳳閣，中書舍人即鳳閣舍人。唐時置六人，正五品上，掌侍進奏，參議表章。凡詔旨制敕、璽書冊命，皆起草進畫。

⑧ 陸堅，洛陽（今屬河南）人。初為汝州參軍，遷通事舍人，累官給事中，兼集賢院學士秘書監等職。初名友悌，唐玄宗嘉其剛正，賜名堅。曾從封泰山，玄宗待之甚厚，圖形禁中，親制贊語。事跡詳見《新唐書》卷二〇〇《儒學下·陸堅傳》。

張說曰："自古帝王於國家無事之時，莫不崇宮室，廣聲色，今天子獨延禮文儒，發揮典籍，所益者大，所損者微。陸子之言，何不達也！"帝聞之，重說而薄堅。(此段見祖禹參撰《資治通鑒》卷二一二)

十三年(725)，帝與中書門下(中書、門下二省官員)及禮官(唐代禮官主要由尚書省禮部官員、太常寺官員、禮儀使和直官四部分組成，此為前兩者)、學士宴於集仙殿。帝曰："仙者，憑虛之論，朕所不取。賢者，濟理(即治，避唐高宗李治諱改)之具，朕今與卿曹合宴，宜更名集賢殿①。"其書院官五品以上為學士，六品以下為直學士，以張說知院事，右散騎常侍徐堅副之。(此段文字與祖禹參撰《資治通鑒》卷二一二所記略同，繫於四月丙辰條下)

二十五年(737)，帝制《訓誡》六篇(即《開元御集誡子書》，《新唐書》卷五九《藝文志四》著錄)以示諸王，其旨盖明君臣父子之義、齊(同"齋")祭稼穡之事。宰臣李林甫②等請宣布中外。手詔曰："周公誡伯禽無以魯國驕人，朕萬③聖雖慚，豈忘誡子。聊示庭訓，何足宣布也。(此段文字本於《冊府元龜》卷四〇，繫於當年八月甲子)

---

① 集賢殿，唐東都洛陽宮殿名。胡三省注曰："《唐六典》，洛陽宮南面三門，中曰應天，左曰興教，右曰光政；光政之內曰廣運，其北曰明福；明福之西曰崇賢門，其內曰集賢殿。"

② 李林甫(？－752)，小字哥奴，唐宗室。累遷國子司業。開元中，遷御史中丞、吏部侍郎，因厚結武惠妃及宦官等，於開元二十二年(734)任禮部尚書、同中書門下三品，不久封晉國公。歷戶、兵二部尚書，代張九齡為中書令、集賢殿大學士、監修國史。居相位十九年，權勢甚盛，杜絕言路，政事敗壞。勾結宦官、嬪妃，探聽玄宗動靜，以爭寵固權。因害將不識字，不能入相，故奏請重用，使安祿山等於北邊掌握重兵，助成安史之亂。事跡詳見《舊唐書》卷一〇五《李林甫傳》、《新唐書》卷二二三上《奸臣上·李林甫傳》。

③ 按，此字《冊府元龜》、《玉海》並作"方"，當是。"方"通"仿"，模擬。

　　天寶二載(742)改年為載,帝自注《孝經》,頒於天下。①

　　憲宗昭文章武大聖至神孝皇帝②留意典墳,每覽前代興亡得失之事,皆三復其言。又讀貞觀、開元《實錄》③,見太宗撰《金鏡書》及《帝範》,玄宗撰《開元訓誡》(即《開元御集誡子書》)。帝遂採《尚書》、《春秋後傳》(晉樂資撰,三十一卷,繼續戰國至秦末史事,已佚)、《史記》、《漢書》、《三國志》、《晉書》、《晏子春秋》、《新序》④、《說苑》⑤等書君臣行事可為龜鏡(龜可卜吉凶,鏡能別美醜,喻可供效法、警戒之事)者,集成十四篇,一曰君臣道合,二曰辨邪正,三曰戒權倖,四曰戒微行,五曰任賢臣,六曰納忠諫,七曰慎征伐,八曰慎刑法,九曰去奢泰,十曰崇節儉,十一曰獎忠直,十二曰修德政,十三曰諫畋獵,十四曰錄勳賢,分為上下卷,目曰《前代君臣事跡》。元和四年(809),以其書寫於屏風,列之御座之右。遣中使(即宮中使者,多為宦官)以書屏六扇至中書(此

―――――

① 玄宗初注《孝經》頒行天下,在開元十年(722)六月,天寶二載為重注頒行。又,此注本影響頗大,後世《十三經注疏》所收《孝經》注本即此。

② 即李純(778-820),唐順宗長子,初名淳,諡昭文章武大聖至神孝皇帝,廟號憲宗,在位15年。貞元二十一年(788)八月,為宦官俱文珍等擁立,盡廢順宗之政,貶王叔文、柳宗元八人為遠方司馬。憲宗在位期間,修訂律令,簡省官員,加強財政管理,勤勉政事,力圖中興,尤其是元和削藩取得巨大成果,史稱"元和中興"。晚年迷信方士,服金丹,因燥怒,宦官往往獲罪被殺,終為宦官陳弘志等所弒。

③ 《實錄》,當時朝廷官修史書的一種,為編年體,為每個皇帝統治時期之編年大事記。最早見於記載的有梁周興嗣等修《梁皇帝實錄》,記梁武帝事。至唐初由史臣撰已故皇帝一朝政事為實錄,成為定制,後世沿之。今存《實錄》最早為韓愈《順宗實錄》。

④ 《新序》,西漢劉向撰,原本三十卷,至宋已殘,今本十卷,系宋曾鞏所校定,其書採集舜、禹到漢代史實,分類編纂,所記事實與《左傳》、《戰國策》、《史記》等頗有出入。

⑤ 《說苑》,西漢劉向撰,原本二十卷,後僅存五篇,經宋曾鞏搜輯,復分為二十卷。其書分類纂輯先秦至漢代逸聞舊事而雜以議論,宣揚儒家政治思想和倫理道德。

即中書門下,為宰相議事之所。唐初於門下省設政事堂,後遷至中書省,開元中,改稱中書門下),宣示宰臣李藩①、裴垍[jì]②曰:"朕近撰此屏風,常所觀覽,故以示卿。"藩等上表賀。(此段文字本於《唐會要》卷三六,《舊唐書》卷一四繫於七月乙巳朔,《冊府元龜》卷四○繫於九月)

　　臣祖禹案:歐陽修③贊曰:"唐有天下,可稱者三君,玄宗、憲宗皆不克其終,盛哉太宗之烈也!"(語見歐陽修撰《新唐書》卷二《太宗本紀》贊語,文字稍異)今臣述明皇、憲宗,取其務學而已。

---

① 李藩(754-811),字叔翰,趙州(今河北趙縣)人。少敏於學,儀表雅美,樂施捨。年四十未仕,徐州節度使張建封辟為從事。建封死,德宗授其秘書郎。憲宗立,遷吏部郎中、給事中,忠謹敢言。元和四年(809)拜門下侍郎,同平章事。好直言,陳儉約富國之理,祈神求福之妄。後與宰相李吉甫有隙,罷為太子詹事,又出為華州刺史,未行而卒。事跡詳見《舊唐書》卷一四八、《新唐書》卷一六九《李藩傳》。

② 裴垍(?-811),字弘中,河東聞喜(今山西聞喜東北)人。進士出身。貞元中,舉賢良方正第一。以監察御史轉殿中侍御史、考功員外郎,不受請托,務求實才。憲宗即位,召為考功郎中、知制誥兼充翰林學士。元和三年(808),拜中書侍郎、同平章事,加集賢殿大學士,監修國史。在相位獎直言,薦人才,整頓藩鎮稅務。事跡詳見《舊唐書》卷一四八、《新唐書》卷一六九《裴垍傳》。

③ 歐陽修(1007-1072),字永叔,吉州廬陵(今江西吉安)人。天聖八年(1030)進士。景祐作《朋黨論》為范仲淹申辯,貶夷陵令。慶曆三年(1043),知諫院,擢知制誥,贊助慶曆新政。新政失敗,出知外州十一年。後召回,遷翰林學士。嘉祐二年(1057)知貢舉,排"太學體",文風為之一變。五年,任樞密副使,次年拜參知政事。英宗朝"濮議"中,頗受非議。神宗初,辭位出知外州,因反對熙寧新法,堅請致仕。生平喜獎掖後進,于文學、史學俱卓有成就。事跡詳見《宋史》卷三一九《歐陽修傳》。

卷　三

大宋太祖啓運立極英武睿文神德聖功至明大孝皇帝
太宗至仁應道神功聖德文武睿烈大明廣孝皇帝
眞宗膺符稽古成功讓德文明武定章聖元孝皇帝

太祖啓運立極英武睿文神德聖功至明大孝皇帝[①]，建隆元年(960)正月幸國子監，二月又幸，詔加餙(同"飾")祠宇及塑繪先聖、先賢、先儒之象，帝親製文宣王(即孔子。漢以後歷代王朝尊崇孔子，對他都有封號，唐玄宗開元中追謚為文宣，封王爵)、兗公(即顏回，孔子七十二弟子之首，唐太宗尊之為先師，唐玄宗開元中封兗

① 即趙匡胤(927-976)，宋朝開國皇帝，世為涿州(今河北涿州市)人，生於洛陽，廟號太祖，在位十七年。五代後周時任殿前都檢點，歸德軍節度使。公元960年發動陳橋兵變，即帝位，建立宋朝。在位期間進行統一戰爭，消滅割據勢力；收兵權、改官制、控制地方財權、司法權，加強和鞏固了專制主義中央集權，但其重文輕武、守內虛外的政策，對宋積貧積弱局面的形成，有所影響。

公)二贊。①

　　臣祖禹曰：昔武王克商，未及下車，而褒先聖之後②，封(聚土曰封，張守節《史記正義》：“封，謂益其土及畫疆”)賢臣之墓(《史記·周本紀》載武王“命閎夭封比干之墓”)，表商容之閭③，釋箕子之囚，是以天下悦服。傳世三十，歷祀八百，蓋由此也。太祖皇帝承五代之季，受天眷命，皇業初基，日不暇給。而即位之月，首幸國學，謁欵(同“款”。謁款，虔誠拜謁)先聖，次月又幸，尊師重道，如恐不及。儒學復振，寔[shí](同“實”)自此始，所以啓佑後嗣立太平之基也，與武王未及下車之政，何以異哉？

　　三年(962)六月，以右諫議大夫④崔頌⑤判國子監⑥。始聚

①　按，南宋史家李燾《長編》)卷三，建隆三年六月辛卯條追記：“上自贊孔顔，命宰臣、兩制以下分撰餘贊。”又按，關於此條繫年問題，翁增源加按語稱“查《宋史》係三年之正月、二月，非元年之正月、二月，俟考。”今查北宋官修諸史記載與此有異，《長編》此條下注文考辨稱：“據《實錄》、《本紀》及《會要》，太祖以建隆二年十一月始幸國子監，三年正月又幸。而《祖宗故事》乃云元年正月初幸，二月再幸，因詔增葺祠宇，塑繪聖賢。其年月與諸書特異，今不取。若增葺祠宇，塑繪聖賢，則《會要》固以為國初事，不緣幸筮然後有此舉也。《故事》蓋誤耳。”
②　《史記》卷四《周本紀》：“武王追思先聖王，乃襃封神農之後於焦，黃帝之後於祝，帝堯之後於薊，帝舜之後於陳，大禹之後於杞。”
③　表，旌表，立木楬、石碑、匾額以頌揚功德。商容，商紂王時人，為典樂之官，因諫紂被廢，隱居於家。閭，里門。《周禮》五家為比，五比為閭，閭設有門，故亦以閭代稱里門。此句言於商容所居之里門口立木楬等加以表彰。
④　右諫議大夫，官名。諫議大夫始置於後漢，唐德宗時分左、右，左屬門下省，右屬中書省，宋前期諫議大夫不親掌言事，為文臣遷轉敘祿位的階官名。
⑤　崔頌(919-968)，字敦美，河南偃師(今河南偃師東南)人。五代時曾在後唐、後漢、後周任職，官至左諫議大夫。入宋，判國子監，主持國學館舍及武成王廟的修建。精通經義，嫻熟典禮，甚為太祖所重。後因為親求便官，出為保大軍行軍司馬。事跡詳見《宋史》卷四三一《儒林一·崔頌傳》。
⑥　判國子監，差遣名，即判國子監事。宋前期以待制以上朝官掌國子監事者，帶“判”。按，宋前期士大夫立朝有官、差遣之不同，所謂“官”，或稱“正官”、“本官”，只用於定品位，俸祿，故又稱為“寄祿官”，與實際所從事政務無關，其擔任何種差遣，才關乎具體負責事務。此處右諫議大夫為崔頌之官，判國子監為其所任之差遣。又按，此處右諫議大夫恐誤，蘇頌本官《長編》及《宋會要輯稿》皆作左諫議大夫。

生徒講學,帝遣中使以酒果賜之。(《續資治通鑑長編》繫於卷三,建隆三年六月辛卯條)因謂侍臣曰:"今之武臣欲盡令讀書,貴知為治之道。"①帝召宗正丞(官名。本為掌管皇族事務的宗正寺署的屬官,宋前期為寄祿官,無職事)趙孚②對後殿(相對於皇帝視朝的前殿而言,指延和殿、崇政殿等皇帝活動場所),令講《周易》,謂左右曰:"孚所說精博,亦可賞也。"(此事無可供比勘的其他史料,未詳具體何時)

　　四年(963)四月丁亥,幸國子監。

　　開寶元年(968),知制誥(官名。掌管起草機要詔令,宋代翰林學士加此銜稱內制,其他官職加知制誥銜稱外制,合稱兩制)李穆③薦王昭素④,召見便殿(相對朝堂而言,是宮中皇帝非坐朝時接見臣下之處)。昭素,開封酸棗(今河南延津)人,通九經,尤精《詩》、《易》,時年七十七,精爽(即精神)不衰。帝問:"何不求仕進?致相見之晚。"對曰:"臣草野惷(同"蠢")愚,無以裨聖化。"賜坐,令講《易·乾卦》,召宰臣薛居正⑤等觀之,至

---

① 按,《長編》繫此事於此年二月壬寅,此條注文曰:"賜崔頌等酒果,據《實錄》在此年六月。《崔頌傳》亦云三年夏始聚生徒,而《寶訓》載武臣讀書事,乃因賜頌等,誤也,今不取。"

② 趙孚(924-986),字大信,洛陽(今屬河南)人。周顯德進士,宋初攝永寧令,民懷其惠。太宗時,知開封府司錄參軍事,曾受詔行視黃河,又曾奏禦戎策。官至殿中侍御史,卒,年六十三。事跡詳見《宋史》卷二八七其子《趙安仁傳》所附。

③ 李穆(928-984),字孟雍,開封陽武(今河南原陽縣)人。五代周顯德初以進士為右拾遺。宋初拜左拾遺,知制誥,辭令雅正。宋太宗時知開封府,剖判精敏。太平興國八年(983),升任參知政事,旋丁母憂,卒。李穆為人質厚忠恪,謹言慎行,性至孝、寬厚,接引後進,多所薦達,且善篆隸,工畫。事跡詳見《宋史》卷二六三《李穆傳》。

④ 王昭素(894-982),篤學不仕,教生徒以自給,事跡除此處所及外無多。參見《宋史》卷四三一《儒林一·王昭素傳》

⑤ 薛居正(912-981),字子平,開封浚儀(今河南開封)人。後唐清泰進士,後周時官至刑部侍郎。入宋遷戶部侍郎,旋知許州。建隆三年(962),入為樞密直學士,權知貢舉。乾德二年(964),以兵部侍郎拜參知政事。開寶間,奉召修《五代史》,旋拜門下侍郎、平章政事。太宗時官至司空,服丹砂中毒,卒。事跡詳見《宋史》卷二六四《薛居正傳》。

“飛龍在天”，帝曰：“此書豈可令常人見！”昭素對曰：“此書非聖人出，不能合其象。”①因訪以民間事，昭素所言誠實無隱，帝嘉之。(《長編》於此後尚記：“又問治世養身之術，昭素曰：‘治世莫若愛民，養身莫若寡慾。’上愛其語，嘗書屏几間”) 尋以衰老辭，求歸鄉里，拜國子博士致仕(還祿位於君，即官員退休)，留月餘，遣之。(此事《長編》附於卷一一，開寶三年三月辛亥條，是日拜其為國子博士致仕)②

　　帝自開寶以後好讀書，嘗歎曰：“宰相須用讀書人。”趙普③為相，帝嘗勸以讀書。(《長編》附此於卷七，乾德四年五月甲戌條，注云：此事不知果何時)④

　　臣祖禹曰：太祖皇帝之時，天下未一，方務戰勝，而欲盡令武臣讀書。(《長編》卷三，建隆三年二月壬寅條：上謂近臣曰：“今之武臣欲盡令讀書，貴知為治之道”) 夫武臣猶使之讀書，而況於文臣其可以不學乎？又言“宰相須用讀書人”，夫宰相猶當

---

① 按，《長編》卷一一載此事有所不同，“上令講《乾卦》，至‘九五飛龍在天’，則歛容曰：‘此爻正當陛下今日之事。’引援證據，因示風諫微旨。”

② 按，《長編》李燾注文考辨推薦之人曰：“《本傳》言為李穆所薦。按，穆，開寶五年始召為太子中允，此時方以洋州通判免官家居，則薦昭素者非穆也。僧文瑩《湘山錄》亦言穆薦，又言對太宗，皆誤。《寶訓》言即授左拾遺，與《正史》、《實錄》不同，今不取。”

③ 趙普(922-992)，字則平，幽州薊縣(今北京西南)人。後周時為趙匡胤幕僚，任掌書記，策劃陳橋兵變，以佐命功，授右諫議大夫，充樞密直學士。宋初任樞密使，後任宰相，諸多重大方針政策，皆參與謀劃。太祖晚年，其寵漸衰，出外為節度使。太宗時又兩次入相，淳化三年(992)，因病致仕，封魏國公，卒。事跡詳見《宋史》卷二五六《趙普傳》。

④ 按，此處事簡文略，據《長編》所載可得其詳：“上初命宰相譔前世所無年號，以改今元。既平蜀，蜀宮人有入掖廷者，上因閱其奩具，得舊鑑，鑑背字有‘乾德四年鑄’，上大驚，出鑑以示宰相曰：‘安得已有四年所鑄乎？’皆不能答。乃召學士陶穀、竇儀問之，儀曰：‘此必蜀物，昔偽蜀王衍有此號，當是其藏所鑄也。’上乃寤，因嘆曰：‘宰相須用讀書人。’由是益重儒臣矣。趙普初以吏道聞，寡學術，上每勸以讀書，普遂手不釋卷。”

讀書,而況於天子其可以不學乎？又勸趙普以讀書,蓋太祖皇帝知學之益,又知為君為相不可以不學也。《書》曰:"聖有謨訓(謀略,訓誨),明徵定保。"(語出《尚書·胤征》,孔氏傳解釋為:徵,證;保,安也。聖人所謀之教訓,為世明證,所以定國安家)太祖皇帝之訓,子孫可不念之哉!

帝因讀《尚書》,歎曰:"堯舜之世,四凶(《今文尚書·堯典》:"流共工于幽洲,放驩兜于崇山,竄三苗于三危,殛鯀于羽山")之罪,止從投竄(即流放)。何近代法網之密邪!"(此事《長編》繫於卷一六,開寶八年三月丁亥條)

臣祖禹曰:人君讀書,學堯舜之道,務知其大指(大要),必可舉而措之天下之民,此之①謂學也。非若人臣,析章句,考異同,專記誦,備應對而已。太祖皇帝讀書能知其要如此,史臣以為有意於措刑(《長編》於太祖語後尚記曰:"蓋有意於刑措也。故自開寶以來,犯大辟非情理深害者,多貸其死"),其可謂至仁矣。

太宗至仁應道神功聖德文武睿烈大明廣孝皇帝②,太平興國八年(983),以聽政之暇,日閱經史,求人以備顧問。始用著作佐郎(官名。宋代秘書省掌管纂修日曆的官員著作郎的副職)

---

① 按,"之"字省園本作"不",翁校本改為"所",四庫本改為"之"。"所"、"之"皆可通,但"不"、"之"形近,恐更近原本,今從之。

② 即趙炅(939-997),太祖弟,初名匡義,後改名光義,廟號太宗,在位二十二年。開寶九年(976)即位,改元太平興國。在位期間,吳越納土,討平北漢,結束五代分裂局面,基本統一中國,惟兩次伐遼皆敗歸,此後對遼採取守勢。繼續執行守內虛外政策,進一步加強專制主義中央集權。加強對官員考核,擴大科舉錄取名額,推動宋代的"重文"風氣發展。同時還建崇文院,組織編撰《太平御覽》等大型類書。

呂文仲①為侍讀(官名。唐玄宗開元三年置侍讀於集賢殿書院，以備顧問史籍疑義，宋此時復置)，每出經史，即召文仲讀之。帝語宰相曰："史舘所修《太平總類》②，自今日進三卷，朕當親覽。"宋琪③曰："陛下好古不倦，觀書為樂，然日閱三卷恐至罷倦。"帝曰："朕性喜讀書，開卷有益，每見前代興廢，以為鑑戒，雖未能盡記，其未聞未見之事固已多矣。此書千卷，朕欲一年讀遍，因思好學之士，讀萬卷書亦不為難。大凡讀書，須性所好，若其所不好，讀亦不入。昨日讀書，從巳④至申，有鵲飛止殿吻(宮殿屋脊兩頭的飾獸，因其造型為以口含脊，故稱為吻)，至罷方去。"左右曰："昔楊震⑤講學，有鸛銜鱣[zhān](《說文解字》云，鯉類也)墜堂下，亦此類也。"(此兩事《長編》繫於卷二四，太平興國八年十一月庚辰條，十二月戊

---

① 呂文仲，字子臧，歙州新安(今安徽黃山市)人。南唐進士，入宋任少府監丞。曾參與撰修《太平御覽》、《太平廣記》、《文苑英華》等書。以文史之學為太宗所知，值秘閣為侍讀，轉右正言，御史中丞。真宗時累官刑部侍郎、集賢院學士。曾使高麗，善應對。事跡詳見《宋史》卷二九六《呂文仲傳》。

② 《太平總類》，類書名，即《太平御覽》。宋太宗命李昉等輯，初名《太平總類》，因太宗按日閱覽，改題今名。其書始於太平興國二年(977)，成於八年(983)，共一千卷，五十五門，引用古籍材料甚為豐富，多至一千六百九十種，許多今皆不傳。

③ 宋琪(917-996)，字叔寶，幽州薊(今北京西南)人。契丹會同四年(941)進士。署壽安王侍讀，入幽州節度使趙延壽幕府，歷任節鎮從事。宋乾德四年(966)，召拜右補闕、開封府推官，為太宗幕僚。因與趙普善，出為知州。太宗太平興國間，判三司勾院，後通判開封府，擢參知政事，拜平章事。雍熙二年(985)，罷相。素有文學，詼諧辯捷，在相位，人有所請求，多面折之，又熟知邊事，上言多見採納。事跡詳見《宋史》卷二六四《宋琪傳》。

④ 按，原本"巳"作"已"，當誤。

⑤ 楊震(？-124)，字伯起，弘農華陰(今陝西華陰東南)人。博學經書，人稱"關西孔子楊伯起"。年五十始仕州郡，舉茂才，歷任荊州刺史、東萊太守、涿郡太守、太僕、太常，以廉潔知名。安帝永寧元年(120)為司徒，延光二年(123)為太尉。對抗外戚、宦官勢力，被誣免官，歸本郡。以居重位不能禁奸佞，憤而飲鴆自殺。事跡詳見《後漢書》卷八四《楊震傳》。

申條)

九年(984)，帝謂近臣曰：“朕讀書，必究微旨。《尚書》云：伊尹放太甲(又稱祖甲，是商朝第四位君王，湯嫡長孫，太丁子，共在位二十三年)於桐宮(桐，地名，相傳在今河南偃師。桐宮即桐地的商王別宮)，三年，以冕服(君主的禮冠禮服)奉嗣王(即太甲)歸於亳(地名。商初都城所在地，在今河南商丘)，作書三篇(《太甲》三篇皆佚，梅賾《偽古文尚書》有《太甲上》、《太甲中》、《太甲下》三篇，為偽作)以訓太甲。① 伊尹忠於太甲，其理明矣。杜預②《春秋後序》云：‘伊尹放太甲於桐乃自立也。七年，太甲潛出自桐，殺伊尹，立其子陟。’(此語出自杜預《春秋左氏傳注·後序》，文字稍異，為杜預引《竹書紀年》之說)又《左氏傳》云：‘伊尹放太甲而相之，卒無怨色。’(此為叔向對晉候語，事在襄公二十一年夏)然則太甲雖見(被)放還，殺伊尹，猶以其子為相。此與《尚書》叙太甲事異，不知伏生昏忘，將(連詞，或，抑或)此古書乃當時雜記，未足審也。豈有殺其父而復相其子者乎？且伊尹著書訓君，具在方冊(也作方策，即書籍。宋儒程大昌言：方冊云者，書之於版，亦或書之竹簡也。通版為方，聯簡為冊)，必無自立之

---

① 按，此處宋太宗所言非《尚書》原文，為概言《書傳》即《太甲中》所記內容，又，《史記·殷本紀》記載：“帝太甲既立三年，不明，暴虐，不遵湯法，亂德，於是伊尹放之于桐宮。三年，伊尹攝行政當國，以朝諸侯。帝太甲居桐宮三年，悔過自責，反善，於是伊尹乃迎帝太甲而授之政。帝太甲修德，諸侯咸歸殷，百姓以寧。”

② 杜預(222-284)，字元凱，京兆杜陵(今陝西西安東南)人，司馬昭妹婿。初為尚書郎，泰始中，守河南尹，轉秦州刺史，再拜度支尚書。在任七年，損益萬機，朝廷稱美，號“杜武庫”。咸寧四年(278)，拜鎮南大將軍、都督荊州諸軍事。次年滅吳，封當陽縣侯。平吳還鎮修水利，通漕運，民得其利。晚年耽思經籍，撰有《春秋左氏傳集解》、《春秋釋例》、《盟會圖》等，成一家之學。事跡詳見《晉書》卷三四《杜預傳》。

意。杜預通博,不當憑‘汲冢襍(同雜)說’①特立疑義,使伊尹忠節惑於後人。”

　　端拱元年(988)八月,幸國子監,謁文宣王畢,升輦(登車。升,登上,乘坐上。輦,輦轂,皇帝乘坐的車輿)將出西門,顧見講坐,左右言學官李覺②方聚徒講書,即召覺令對御講說。覺曰:“陛下六飛在御,臣何敢輒陞高坐?”帝為降輦,令有司張帝幕設別坐,詔覺講《易》之“泰卦”(《易》卦名。乾下坤上,為上下交通之象。意思是講天地交而成萬物通。引申為通暢,安寧。),從臣皆列坐,覺因述天地感通,君臣相應之旨。帝甚悅,賜帛百匹。明日,謂宰臣曰:“昨聽說‘泰卦’,文理深奧,足為君臣鑑戒,朕與卿等當遵守勿怠。”(此事《長編》繫於卷二九,八月庚辰條)

　　淳化五年(994)十一月,幸國子監,召直講(學官名,即國子監直講。初名國子監講書,掌教授諸經,共十人,每二人共講一經)孫奭③講《尚書》,判監(即判國子監事)李至④執經講《堯典》⑤。

———————

① 晉太康二年(281),汲郡(今河南汲縣)人不准盜掘魏襄王墓,得到竹簡所寫的書數十本。晉武帝(司馬炎)便命令荀勖整理這些竹書。“汲冢襍說”指得就是經此次整理而流傳下來的史書,亦即《竹書紀年》。

② 李覺,宋京兆(今陝西西安)人,太平興國年間舉九經,任將作監丞,后歷任建州通判、泗州知州、秘書丞、國子博士、司門員外郎等職。

③ 孫奭(962-1033),字宗古,博州博平(今山東茌平西)人。端拱二年(989)“九經”及第。歷大理寺評事、國子監直講。真宗時,任龍圖閣侍制,曾諫真宗迎天書、祀汾陰。仁宗時,為翰林侍講學士、判國子監,修《真宗實錄》,遷兵部侍郎、龍圖閣學士,以太子少傅致仕。著有經學著作多部。事跡詳見《宋史》卷四三一《儒林一·孫奭傳》。

④ 李至(947-1001),字言幾,真定(今河北正定)人。太平興國進士。累遷右補闕、知制誥。八年(983),為翰林學士,拜參知政事。雍熙初,諫太宗親征。三年(986),以目疾解職。秘閣建,兼秘書監,總秘閣圖書籍。淳化五年(994)判國子監,總領校讎,刊刻七經疏。至道元年(995),兼太子賓客。真宗即位,拜工部尚書、參知政事,後罷政為武勝軍節度使,徙知河南府。事跡詳見《宋史》卷二六六《李至傳》。

⑤ 《堯典》為《尚書》的第一篇,屬《今文尚書》。記載堯舜禪讓的事蹟。史學界一般認為是由周代的史官根據傳聞編寫,而經春秋、戰國時代的儒學家補充校訂而成篇的。

一篇未畢,遽令講《說命》(即《偽古文尚書·說命》)三篇。帝曰:"《尚書》主言治世之道,《說命》居最。文王得太公,高宗得傅說,皆賢相也。"復誦《說命》"事不師古,匪說攸聞"之句,曰:"誠哉是言。何高宗之時而有賢相如此?"嘉歎久之。(此事《長編》繫於卷三六,十一月丙寅條,記事重點有所不同)

帝與近臣論"三史"(《史記》、《漢書》、《三國志》三部成書最早的正史)曰:"夫史書之作,務在懲惡勸善。若采摭小說異聞以綴飾者,蓋不足訓。大約忠孝正直可為嘉歎也。"(此事他書不載)

真宗膺符稽古成功讓德文明武定章聖元孝皇帝①,敦尚文雅,自出閣(皇子離開朝廷到自己的封地作藩王)後,專以講學屬詞(本意指連綴文辭,後泛指寫文章)為樂,禁中遊息之所,皆貯圖籍,置筆硯。及即位,每召諸王府侍講(王府官名,為皇子講經史,職在訓導,從七品)邢昺②及國子監直講孫奭等,更侍講說,質問經義,久而方罷。

咸平元年(998)正月,命擇官詳正經籍,因訪明達經義

① 即趙恒(968-1022),太宗子,廟號真宗,在位二十六年。太宗至道元年(995)立為太子,三年(997),太宗死,即位。統治前期勤於政事,訪問民情,蠲放五代以來欠稅。景德元年(1004),與遼訂"澶淵之盟"以和。此後四海無事,信用王欽若,迎奉天書,封泰山,祀汾陰,謁曲阜孔廟、亳州太清宮,廣建宮觀,粉飾太平,勞民傷財。
② 邢昺(932-1010),字叔明,曹州濟陰(今山東定陶西南)人,太宗太平興國中九經及第。歷任國子監丞、國子博士、諸王府侍講、國子祭酒等。咸平二年(999),宋真宗始置翰林侍講學士,擢為首任。深悉民事,居經筵,多引時事為喻。後曾任淮南、兩浙巡撫使、權知審官院,官終禮部尚書。曾奉命與杜鎬、孫奭等校定群經義疏,著有《論語正義》、《孝經正義》、《爾雅義疏》等。事跡詳見《宋史》卷四三一《儒林一·邢昺傳》。

者。參知政事①李至曰："國學講書（學官名，即國子監直講）崔頤正②，博通諸經，尤善誦說。"帝曰："朕宮中無事，甚樂聽書，常求其人，尤不易得。"翌日，召頤正講《尚書》於景福殿，又於苑中講《大禹謨》（《偽古文尚書》篇名，載大禹、伯益和舜謀劃政事）。自是，日令赴御書院（官司名，即翰林御書院，隸屬翰林院，在禁中。掌皇帝親筆文字，供奉書寫之屬、圖籍之冊及琴棋之藝）侍對。帝謂宰相曰："頤正講誦有功，卿等更於班行（宋代班行一般為武官俗稱，此泛指入朝列班之全體文武官員）中擇性行淳樸、通經義、知損益者二人，以名聞。"頤正講《尚書》至十卷，年老步趨艱蹇（行走困難不便），表求致仕。帝命坐，問恤甚至，聽以本官致仕，仍充直講。（此事《長編》附於卷四三，正月甲戌條）

　　二年（999）七月，以兵部侍郎（階官名。宋前期無職事，為文臣遷轉官祿官階）楊徽之③、戶部侍郎（同兵部尚書，為階官名）夏侯嶠④並為翰林侍讀學士（官名。由翰林侍讀改，為皇帝講解經文，并備諮詢典故。官品視所帶本官而定，班位僅次翰林學士），國子祭酒邢昺

---

① 參知政事，職事官名。宋代以平章政事為宰相，宋太祖乾德二年（964）置參知政事為副宰相，輔助宰相處理政事。其後權位逐步提高，到太宗時，已與宰相輪班知印，同升政事堂。

② 崔頤正（992–1000），封丘（今屬河南）人。太宗時進士，明經術，雍熙中任高密縣尉，後經人舉薦入朝為國子直講。太宗召見，命說《莊子》一篇。真宗時被召入御書院講說《尚書》，改國子博士，咸平三年（1000）卒，年七十九。事跡詳見《宋史》卷四三一《儒林一·崔頤正傳》。

③ 楊徽之（921–1000），字仲猷，建州浦城（今陝西蒲城縣）人，楊億從弟，宋真宗潛邸舊臣。後周顯德年間進士。宋初歷任右拾遺，真宗時官至翰林侍讀學士。純厚清介，守規矩，尚名教，尤疾非道以干進者。嘗言溫仲舒、寇準用搏擊取貴位，使後輩務習趨競，禮俗寖薄，世謂其知言。卒年八十，贈兵部尚書。事跡詳見《宋史》卷二九六《楊徽之傳》。

④ 夏侯嶠（933–1004），字峻極，濟州鉅野（今屬山東）人，宋真宗潛邸舊臣。善辭賦，淳謹無過，太宗朝舉進士，累官至翰林侍讀學士。咸平元年（998）進執政。景德元年（1004）卒，年七十二。事跡詳見《宋史》卷二九二《夏侯嶠傳》。

為翰林侍講學士(官名。職掌與侍讀同,但地位低),翰林侍讀(太宗以呂文仲為侍讀,後加"翰林"二字,實為一官)呂文仲為翰林侍讀學士。(此事據南宋初程俱所撰《麟臺故事》卷三《選任》在二年七月二十六日)按,唐開元中,置侍讀,其後有翰林侍讀學士(指唐玄宗開元三年置侍讀於集賢殿書院,參見本書卷二)。五代以來,四方多事,時君右武,不暇嚮學,故此職久廢。太宗崇尚儒術,聽政之暇,觀書為樂,殆至宵分,手不釋卷。繇是命文仲為翰林侍讀,寓直禁中,以備顧問,然名位未崇。帝聰明稽古,奉承先志,首置此職,擇耆儒舊德以充其選,班秩(指班位,即朝班位次)次翰林學士,祿賜如之。設直廬(值宿之所)於祕閣(古代宮中收藏珍貴圖書之處,宋代秘閣建於太宗端拱元年五月五日),侍讀更直,侍講長上,日給尚食(官名。掌帝王膳食。此指給以內廷膳食)珍膳,夜則迭宿。帝嘗謂近臣曰:"朕聽政之外,未嘗虛度時日,探賾編簡,素所耽玩。但古聖奧旨有未曉處,不免廢忘。昨置侍講、侍讀學士,自今令監舘閣書籍。中使(天子私使曰中使,多指宦官。又,《長編》載中使姓名為劉崇超)日具當宿官名進入,朕欲召見訪問。"自是多召對詢訪,或至中夕焉。(此事《長編》繫於卷四五,七月丙午條,文字較此簡略)

臣祖禹曰:太宗始命呂文仲侍讀,真宗置侍講、侍讀學士,仁宗①開邇英、延義②二閣(內廷殿名,為仁宗召臣僚講讀之

---

① 即趙禎(1010-1063),宋真宗第六子,廟號仁宗,在位四十二年。真宗天禧二年(1018)立為太子,乾興元年(1022)繼帝位,初由太后劉氏垂簾聽政,明道二年(1033)太后死,始親政。在位期間一方面有因循守舊之弊,漸成積貧積弱,內外交困,危機四伏之局,雖曾起用范仲淹進行改革,但在朝臣反對下,很快廢罷。另一方面節儉勤政,優禮大臣,政治較為清明,"嘉祐之治"猶為後代史家所稱。
② 按,原本"義"皆作"乂",今改。

所），日以講讀為常。累聖相承，有加無損，有勤無怠，此所以遺子孫之法也。是以海內承平百三十年，自三代以來，蓋未之有，由祖宗無不好學故也。

二年七月，幸國學，謁先師及覽《三禮圖》[①]，召祭酒邢昺直講。崔偓佺[②]講《尚書·大禹謨》，從官侍座。帝曰："偓佺講《書》，頗達經義，甚可稱也。"賜偓佺緋章服（北宋前期四、五品官員的朝服顏色為緋，四品深緋，五品淺緋，官品不夠而特許服用稱賜章服），昺已下器幣。（此事《長編》繫於卷四五，七月甲辰條）

帝御便殿，命翰林侍講學士邢昺講《左氏春秋》，侍讀預焉。

五年（1002），講《春秋》畢，邢昺曰："《春秋》一經，少有人聽，多或中輟。"帝曰："勤學有益，最勝它事。且深資政理，無如經書。朕聽政之餘，惟文史是樂，講論經義，以日繫時，寧有倦邪？"（此事《長編》繫於卷五一，正月丙辰條，記事重點與此不同）

十月，召近臣觀書龍圖閣（宋真宗即位初年建，藏其父太宗趙炅御書、文集，其後宋代歷朝皇帝都為先皇帝建閣藏其御書、文集等），帝曰："朕自幼至今讀經典，其間有聽過數四，在東宮時惟以聚書為急，其間亡逸者，多方購求，頗有所得。今已類成

---

① 《三禮圖》，宋初太常博士聶崇義撰，二十卷，凡圖三百八十餘幅，文十餘萬言，為崇義於五代後周顯德年間奉皇帝之命參照前代六種舊圖編寫。
② 崔偓佺（928-1006），開封封丘（今屬河南）人。與兄崔頤正同舉進士，淳化中為國子直講。宋真宗幸國學，召其說《尚書》，後令講《道德經》，日於崇文院候對。景德三年（1006）卒，年七十九。撰有《帝王手鑒》十卷。事跡詳見《宋史》卷四三一《儒林一·崔偓佺傳》。

正本,除三館①、祕閣(宋太宗建於崇文院中,用藏三館真本書籍及字畫)外,又於後苑、龍圖閣各存一本。但恨校對未精,如《青宮要紀》、《繼體治民論》②,此一書二名,並列篇目,蓋購書之初務於數多,不嫌重複,甚無謂也。"

　　景德四年(1007)三月,召近臣觀書玉宸殿,即帝偃息之所,茵幬皆黃絹為之,無文采之飾。聚書八千餘卷,帝曰:"此惟正經、正史累校定者,小說、它書不置於此。蓋俯近禁中,最便觀覽。國家搜訪圖書,其數漸廣,臣僚家有聚書者,朕先借其目參校,所少併令抄補,所得甚多,信非時平,不能備此。今祕閣之後新衣庫(官署名。屬殿中省,掌收藏錦綺、雜帛、衣服,以備賞賜及儀注之用,並受納衣服以賜各官署丁匠、諸軍),雖有棟宇,地猶狹隘,朕累令經度,若遷此庫,以廣其地,尤為佳事。當諭劉承珪③增葺之。"(此事《長編》繫於卷六五,三月乙巳條)

　　帝宴餞侍講學士邢昺於龍圖閣,上挂《禮記·中庸篇》圖,昺指"為天下國家有九經"之語(九經為:"脩身也,尊賢也,親親也,敬大臣也,體羣臣也,子庶民也,來百工也,柔遠人也,懷諸侯也")因講述大義,序修身尊賢之理,皆有倫貫。坐者聳聽,帝甚嘉納之。(據王應麟《玉海》卷三〇,此事在四年九月

---

① 三館,宋承唐制,以昭文館、史館、集賢院為三館,掌修史、藏書、校書。太宗太平興國三年(978),新建三館成,總名為崇文院。

② 亦作《青宮紀要》,三十卷,《舊唐書·藝文志》題天后撰,為文學之士周思茂、范履冰、衛敬業為之。青宮即東宮,太子所居。

③ 劉承珪(950-1013),字大方,楚州山陽(今江蘇淮安)人,真宗令改名承規,宦官。真宗時任北作坊使兼勾當群牧司,景德二年(1005),領提舉京師諸司庫務,又改皇城使。歷事三朝,掌內庫近三十年,喜藏書,預修《冊府元龜》及國史。事跡詳見《宋史》卷四六六《宦者一·劉承規傳》

七日）

大中祥符元年（1008）十一月，幸曲阜（今屬山東），謁文宣王廟。有司定儀止肅揖（恭敬地拱手行禮），帝特拜（特猶獨，即獨拜，逐一而拜，相對於泛拜而言。按，此處他書多作特再拜）。又幸孔林，以樹木擁道，降輿乘馬，詣墳拜奠。帝曰："唐明皇褒先聖為王，朕欲追諡為帝，可乎？當令有司檢討故事以聞。"或言宣父周之陪臣①，周止稱王，不當加以帝號。遂止增美名。（《長編》繫於卷七〇，十一月戊午朔條）

帝命王旦②選儒學之士，旦薦崇文院檢討（館職名。以京官充。參與校勘書籍等館務，並為文臣在京兼職）馮元③。帝召見，命講《易·泰卦》。元進說曰："地天為泰者，以天地之氣交也。君道至尊，臣道至卑，惟上下相與，則可以輔相天地，財成萬物。"帝悅，賜元緋章服，稱旦善擇才。（此事繫於《長編》卷八四，大中祥符八年三月癸卯條）

天禧元年（1017）二月，詔太子中允（宋前期此為文臣遷轉官階，正五品，無職事）、直龍圖閣（職名。為非侍從之職事官所帶職名，與

---

① 陪臣，古者天子以諸侯為臣，諸侯以大夫為臣，大夫又自有家臣，凡臣屬關係隔一層即為陪臣，孔子為魯臣，對周王而言為陪臣。

② 王旦（957-1017），字子明，大名莘縣（今屬山東）人。太平興國年間進士。曾以著作郎預纂《文苑英華》。真宗即位，累遷至同知樞密院事、參知政事。景德三年（1006）拜相，監修國史。為相，主張守祖宗法度，能知人，多提拔忠厚之士。天禧元年（1017）以疾罷相，旋卒，諡文正。事跡詳見《宋史》卷二八三《王旦傳》。

③ 馮元（975-1037），字道宗，南海（今屬廣東）人。大中祥符元年（1008）進士。為臨江尉，會詔取明經，元自薦通五經，擢崇文院檢討，使講《易》。仁宗即位，與孫奭並以經書講論。累官戶部侍郎。景祐四年（1037）卒，諡章靖。事跡詳見《宋史》卷二九四《馮元傳》。

館閣官輪宿於秘閣）馮元講《易》於宣和門之北閣，待制①預焉。自是，聽政之暇，遂以為常。（此事《長編》繫於卷八九，二月辛卯條）

三年（1019）九月，召宰臣、樞密②、兩制③及東宮僚屬④，於清景殿觀書。帝以《青宮要紀》事有未備，因博采羣書，廣為《承華要略》十卷⑤，每篇著贊，以賜皇太子。至是書成，故召近臣觀焉。（此事《長編》繫於卷九四，九月丙子條）

太宗時，邢昺嘗纂《禮選》以獻⑥。其後，帝閱書禁中，得其本，作贊以示近臣曰："朕在東宮，昺為侍講，嘗徧講九經書，亦有三五過或十餘過者，唯《尚書》凡十四講。蓋先帝慈旨勉勵，每旦聽書，食訖習射，使與兄弟朝夕同處，所習者，文武二事爾。"（此事他書多不載，惟王應麟《玉海》卷三一引《實錄》："祥符三年五月乙巳，上作《禮選贊》賜侍講學士邢昺"）

---

① 待制，即諸閣待制，凡帶待制以上職名，均為侍從官標誌，名義上有侍從、獻納職責，實際上只是文臣差遣貼職品，品位為從四品。

② 樞密，指樞密院長官樞密使和副長官、樞密副使。樞密院為宋代最高軍事機關，掌軍國機務、兵防、邊備、軍馬等政令，出納機密命令，與中書分掌軍政大權。

③ 兩制，指內、外知制誥。宋代翰林學士皆加知制誥官銜，起草制、誥、詔、令、敕書等機要文件，稱內制。其他官員，如中書舍人，加知制誥銜，起草以上機要檔，稱外制。內外制合稱兩制。

④ 東宮僚屬，即太子府官屬，宋承唐制，立太子時置東宮官，但比唐代疏略，且皆以他官兼，除侍讀、侍講外，無職司、無定員，亦不全置。即位後即廢。

⑤ 按，此書《宋史·藝文志》記為二十卷，南宋周必大《文忠集》卷一五七《東宮故事一》："我真宗皇帝萬幾餘暇，親製《承華要略》，總五十篇，分二十卷。"王應麟《玉海》卷二八載是年十二月又賜輔臣及太子《承華要略》十卷，王氏注曰："《要略》再賜，則總為二十卷也。"

⑥ 按，《長編》卷二八，雍熙四年八月己酉："水部員外郎、諸王府侍講邢昺獻分門《禮選》二十卷。上採其奏，得《文王世子篇》觀之，甚悅，因問內西頭供奉官衛紹欽曰：'昺為諸王講說，曾及此乎？'紹欽曰：'諸王常時訪昺經義，昺每至發明君臣父子之道，必重複陳之。'上益喜，賜昺器幣。"

帝與諸王宗室友愛最篤，然動有戒諭，或聞其講習為學，則喜見顏色，形于獎勸。編修《君臣事迹》[①]，日進草三二卷，帝雖政務繁劇，亦中夕披閱，條其舛互，纖悉窮究，諸儒疲於應對。為文務求溫雅，製述尤多，中外書奏歌頌，無不重復省覽。暑月或衣單絺［chī］（葛布衣），流汗浹體而詳覽不輟，文史政事之外，無他玩好。帝讀經史，摭其可以為後世法者著《正說》五十篇。其後仁宗御經筵，命侍臣日讀一篇。

---

① 《君臣事迹》，即《冊府元龜》。真宗景德二年（1005年）九月廿二日，下詔王欽若、楊億修《歷代君臣事跡》，前後八年，至大中祥符六年（1013年）八月十三日書成，為宋初四大類書之一。

卷 四

仁宗體天法道極功全德神文聖武濬哲明孝皇帝 上

仁宗體天法道極功全德神文聖武濬哲明孝皇帝，大中祥符八年(1015)十二月封壽春(今安徽壽縣)郡王。

九年(1016)正月，命尚書戶部郎中(官階名。為尚書省戶部司郎中之名，宋前期為階官，無職事，屬中行郎中階，從五品上)、直昭文館①張士遜②，戶部員外郎(官階名。宋前期無職事，為文臣遷轉寄祿

---

① 昭文館，官署名。宋三館之一。唐代有弘文館，宋初改為昭文館。掌收藏經、史、子、集四部圖籍以及修寫校讎等事。置大學士(由宰相兼任)，學士、直學士、直館、判官等職官。

② 張士遜(964-1049)，字順之，光化軍乾德(今湖北光化西北)人。太宗淳化間進士，調鄖鄉主簿。歷仕數縣，薦為監察御史。累遷太子詹事兼知審刑院、判史館。天禧末，除樞密副使。天聖六年(1028)，拜同中書門下平章事。次年，曹利用被譖得罪，士遜為之開解，遂罷知江寧府。後於明道初年、寶元元年兩度為相，無所建明，遂為諫官韓琦所論，封鄧國公致仕。事跡詳見《宋史》卷三一一《張士遜傳》。

官階,屬中行員外郎階,從六品上）直史館①崔遵度②,並為王友。眞宗宣諭曰:"兒子才七歲,朕每自教之,卿等可盡乃心。"退見郡王於內東門南閤(同"閣")。眞宗遣使謂士遜等曰:"兒子年小,毋得列拜(集體拜見,因要以官階高低依次站位,故稱)。"士遜等各拜(單獨拜見)。二月,詔以郡王學堂為資善堂。八月,眞宗賜王歌凡七軸,曰勸學,曰修身,曰懷儉約,曰愼所好,曰恤黎民,曰勿矜伐(居功自矜。矜,自負;伐,功勞),曰守文。

天禧二年(1018)正月月旦,眞宗幸元符觀,遂幸資善堂。徐王、彭王、郡王,及南宮北宅(南宮,即睦親宅,為宋太祖、宋太宗名下諸親王子孫聚居之所;北宅,即廣親宅,為魏悼王趙廷美之子孫聚居之所)宗室以下,並列侍。二月,進封昇王。八月,立為皇太子。參知政事李迪③、樞密直學士④王昕⑤,並兼太

---

① 史舘,也為三舘之一,次於昭文館、高於集賢院。北宋前期史館,掌修國史實錄、日曆及典本館所藏圖籍之事,直史館為館職名,以京官充,次於修撰,高於編修、檢討。

② 崔遵度(954-1020),字堅白,淄州淄川(今山東淄博南)人。太平興國進士。端拱間,擢著作佐郎。淳化中,知忠州,適逢王小波、李順之變,坐失城池遭貶。眞宗時,直史館,同修起居注。官至吏部郎中。與物無競,不喜名利,掌右史十年。善琴,得其深趣。所著《琴箋》已佚。事跡詳見《宋史》卷四四一《文苑二·崔遵度傳》。

③ 李迪(971-1047),字復古,濮州鄄城(今山東鄄城北)人。景德二年(1005)進士第一。歷通判、知州軍及陝西都轉運使等,以熟知陝西駐兵及糧儲為眞宗所賞識。天禧元年(1017)拜給事中、參知政事,旋繼寇準為相。因與丁謂不和,出知鄆州。仁宗初劉太后聽政期間,因曾反對立劉氏為皇后,再遭貶。仁宗親政後,復相,與呂夷簡交惡,出知數州,以太子太傅致仕。事跡詳見《宋史》卷三一〇《李迪傳》。

④ 樞密直學士,職事官名。宋初簽署樞密院事,于宣徽院置廳事;並備顧問、應對,崇政殿朝會侍立,後多為侍從官外任守臣帶職。正三品,班位在翰林學士之下,為諸閣直學士之冠。

⑤ 王昕即是王曙(963-1034),宋人避宋英宗趙曙諱改,字晦叔,河南人(今河南洛陽)。淳化三年(992)進士,歷任河北轉運使、知益州、御史中丞,天禧間以工部侍郎參知政事,累官至樞密使、同中書門下平章事。其妻為寇準女,準貶,曙亦貶。景祐元年(1034)卒,年七十二。事跡詳見《宋史》卷二八六《王曙傳》。

子賓客(東宮官名。較太子三公三少官階低,為從三品,掌訓導調護太子,多以當朝執政兼任),眞宗作《元良箴》以賜太子。有殿侍(北宋無品級武階官名,位三班借差下、大將上)張迪者,給事左右,太子曰:"是可與賓客同名邪?"方覽《尚書》至"協于克一",遂令更名"克一"。眞宗知之,甚悅,以語宰臣、賓客。

三年(1019)九月,請賓客以下講《論語》,自是以為常。又問:"'元首明哉,股肱良哉',何謂也?"

乾興元年(1022)二月,即皇帝位。

三月,賜輔臣飛白書(亦稱"草篆",漢字書法的一種,筆劃露白)各一軸。初,帝未嘗為飛白書,一日試書,體勢遒勁,有如夙習,因以分賜焉。(此事《長編》繫於卷九八,三月丙子條)

戊寅,中書請自禫[dàn]祭(除喪服之祭)後隻日於崇政殿或承明殿視事,雙日如先帝故事,前後殿皆不坐。詔曰:"朕仰承先訓,肇纘[zuǎn](繼承)慶基(福慶之根基)。思與忠賢,日勤聽覽,至于宵旰[gàn](宵衣旰食的省稱,意為早起晚食,借指勤於政務),非敢怠遑①(亦作"怠皇"。懈怠而閒暇)。雖每屬(恰好;適值)於清閒,亦靡圖於暇逸,當延侍從②講習藝文,勉徇(順從)嘉謀,用依來請。雙日不視事,亦當宣召侍臣便殿,以閱書史,冀不廢學也。"皇太后(即真宗劉皇后)諭

---

① 按,翁校本"遑"作"荒",且有按語稱"增源案遑應作荒",省園本、四庫本皆作"遑",《太平治跡統類》卷二六亦作"遑",今據改。
② 侍從,宋稱殿閣學士、直學士、待制與翰林學士、給事中、六部尚書、侍郎為侍從,中書舍人、起居郎、起居舍人以下為小侍從,外官帶諸閣學士、待制者為在外侍從。

宰臣曰：“皇帝聽斷之暇，宜召名儒講習經書，以輔聖學。”

十一月辛巳，始御崇政殿西廡，召翰林侍講學士孫奭、龍圖閣直學士（職名。從三品，班在樞密直學士下，自天章至顯文閣直學士之上，無職事，備侍從、顧問，得之者為榮）兼侍講馮元講《論語》，侍讀學士李維①、晏殊②與焉。初詔雙日御經筵，自是雖隻日亦召侍臣講讀。

十二月甲辰，召輔臣崇政殿西廡觀孫奭講《論語》。既而帝親書唐人詩以分賜焉。自是，每召輔臣至經筵，多以御書賜之，或取經書要言書一二紙。

天聖二年（1024）二月乙丑，召輔臣于崇政殿西廡觀講《孝經》。

六月己未，賜尚書工部郎中（官階名。為尚書省工部司郎中之名）、直龍圖閣（職名。正七品，為諸直閣之首，升擢待制之基。為職事官非侍從之庶官所帶職名）馬宗元③三品服，以講《孝經》徹也。時帝方嚮儒學，召宗元入講，故賜之。

---

① 李維，生卒不詳，字仲方，洺州肥鄉（今屬河北）人，真宗宰相李沆弟。雍熙二年（985）進士。真宗初，獻《聖德詩》，擢直集賢院。仁宗初，遷為尚書左丞兼侍讀學士，預修《真宗實錄》，遷工部尚書。後出知陳州，卒。維博學，嘗預定《七經正義》，修《續通典》、《冊府元龜》。事跡詳見《宋史》卷二八二《李維傳》。

② 晏殊（991-1055），字同叔，撫州臨川（今江西撫州）人。幼有文名，以神童召試學士院，賜同進士出身。真宗朝至翰林學士。仁宗初，遷樞密副使。以論事逆劉太后意，罷知宋州。召拜御史中丞，遷參知政事。出知毫、陳州。還朝為御史中丞、三司使。慶曆間拜宰相兼樞密使。四年（1044），為諫官論罷，歷知多地，以病歸京師。生平喜詩酒，以文章得時譽，詩詞尤婉麗。事跡詳見《宋史》卷三一一《晏殊傳》。

③ 馬宗元，生平事跡不詳，據《長編》卷一〇二所載：“皇太后諭宰臣曰：‘比擇儒臣侍上講讀，深有開益。’宰臣白言，工部郎中馬宗元，通經有行義，可使入奉經筵。辛丑，命宗元直龍圖閣。宗元，單父人也。”另卷一〇三載其代夏竦為契丹生辰使。

　　八月己卯,幸國子監謁文宣王,召從臣升講堂,令直
講馬龜符①說《論語》一篇,賜龜符三品服。已而,觀七十
二賢贊述,閱《三禮圖》,因問侍講馮元三代制度。

　　四年(1026)閏五月甲子,召輔臣于崇政殿西廡觀宋
綬②等讀《唐書》。帝因曰:"朕覽舊史,每見功臣罕能保
其始終者。若裴寂③、劉文靜④,俱佐命之臣,而不免誅
辱。"王曾⑤曰:"寂等及禍,良以功成而不知退也。"翰林
侍讀學士、勾當三班院⑥宋綬請解三班以專講勸。皇太后

---

① 馬龜符,生平不詳,惟知其真宗咸平間諸科及第,曾任大理寺丞,天禧二年為科舉
　詳覆官,又曾參與考校諸科程式,于直講期間參校《孟子》等書。

② 宋綬(991-1040),字公垂,趙州平棘(今河北趙縣)人。真宗大中祥符間為集賢院
　校理,賜同進士出身。仁宗初年,累官知制誥、翰林學士兼侍讀。因請劉太后歸政
　仁宗,出知應天府。仁宗親政召還,任參知政事、知樞密院事。康定元年(1040)
　卒,年五十五。家有藏書萬卷,皆手自校勘。事跡詳見《宋史》卷二九一《宋
　綬傳》。

③ 裴寂(570-629 或 573-632),字玄真,蒲州桑泉(今山西臨猗西南)人。隋末為晉
　陽宮副監,與李淵為友。大業十三年(617),勸李淵起兵,以宮內所藏糧食、采帛、
　鎧甲助之。入長安後勸淵稱帝,以功拜尚書右僕射,甚見親信。武德六年(623),
　遷尚書左僕射。曾定律令。貞觀三年(629),坐罪,流靜州。太宗念其功,召還,
　卒。事跡詳見《舊唐書》卷五七、《新唐書》卷八八《裴寂傳》。

④ 劉文靜(568-619),字肇仁,雍州武功(今陝西武功西北)人。隋末為晉陽令,隨
　李淵於太原起兵,並結連突厥。唐武德元年(618),拜納言,受命修訂律令。從
　李世民平定薛舉,授民部尚書。自以才干軍功在裴寂上,而位反居其下,頗有怨
　言。為裴寂所讒,以謀反誅。事跡詳見《舊唐書》卷五七、《新唐書》卷八八《劉
　文靜傳》。

⑤ 王曾(978-1038),字孝先,青州益都(今山東青州)人。咸平五年(1002)進士第
　一。累官吏部侍郎,兩拜參知政事。真宗製造天書時,有所規諫。仁宗即位,劉太
　后聽政,拜為宰相。後因裁制太后姻親,罷知青州。仁宗親政,召入為樞密使。景
　祐二年(1035)復拜相,旋因與呂夷簡不協,俱罷,卒。事跡詳見《宋史》卷三一〇
　《王曾傳》。

⑥ 勾當三班院,差遣名,即勾當三班院公事。掌均差三班使臣出使廨務,定其任使路
　途遠近之等級,考校使臣政績之殿最,以上奏於朝。不定員。由文臣由兩制以上
　升朝官差充,武臣由諸司使以上差充。

命擇前代文字可以資孝養、補政治者，以備帝覽。遂錄進唐謝偃①《惟皇誠德賦》，又錄《孝經》、《論語》要言及唐太宗所撰《帝範》二卷(唐太宗為其子李治所撰專論修身治國之道的著作，共二十篇，至宋僅存六篇，今本自《永樂大典》中輯出，為十二篇)、明皇(即唐玄宗)朝臣僚所獻《聖典》(玄宗開元中校書郎楊浚所上，今佚)三卷、《君臣政理論》(亦開元中，河南府陸渾主簿楊相如撰)三卷之上。

　　七月壬申，詔諸路轉運使②訪所部幕職③，令錄京朝官(即京官和朝官，唐自宰相以下在朝廷做官者皆稱京官，宋稱常參官為朝官，未常參者為京官)有通經術，長于講說者以名聞。

　　五年(1027)四月辛卯，賜新及第人聞喜燕④于瓊林苑，遣中使賜御詩及《中庸篇》各一軸。初帝欲賜《中庸篇》，命中書錄本。既上，乃令張知白⑤進讀，至修身治人之道，

---

① 謝偃，生卒不詳，衛州衛縣(今河南浚縣衛賢)人，本姓直勒氏，祖孝政，為北齊散騎常侍，改姓謝。仕隋為散從正員郎。貞觀初，應詔對策及第，入弘文館為直學士，後任魏王府功曹、湘潭縣令。工文辭，嘗奉詔撰《述聖賦》，又獻《惟皇誠德賦》以申諷。時李百藥工五言詩，偃善作賦，時人稱為李詩、謝賦。事跡詳見《舊唐書》卷一九〇上《文苑傳上·謝偃傳》、《新唐書》卷二〇一《文藝傳上·謝偃傳》

② 轉運使，差遣名。宋初設隨軍轉運使、水陸計度轉運使，供辦軍需。太宗以後，轉運使漸成各路長官，掌管一路全部或部分財賦，監察各州官吏，並以官吏違法、民生疾苦情況上報朝廷。

③ 幕職，即幕職官，亦稱"幕官"或"職官"。有簽書判官廳公事，節度掌書記，觀察支使，各州府判官、推官，軍、監判官等，掌輔助府、州、軍、監長官處理政務，分案治事，分掌簿書、案牘、文移、付受、催督等事。

④ 聞喜燕，即聞喜宴，朝廷特賜新及第舉人宴會名稱。宋承唐制，太平興國二年(977)，賜新及第進士和諸科舉人聞喜宴於開寶寺。五年，改于瓊林苑。開宴日，侍從以上官員和館職、知舉官皆命押宴；宴罷，新及第人題名刻石于貢院。南宋紹興十五年(1145)，改宴于禮部貢院。

⑤ 張知白(？-1028)，字用晦，滄州清池(今河北滄州東南)人。端拱進士。歷知劍州、判三司開拆司、權管勾京東轉運使事、知審官院等，再遷尚書工部郎中。曾建議選臺閣官出任州郡，以矯任官重內輕外之弊，並自請外任，出知青州。大中祥符九年(1016)為參知政事。與王欽若不合，辭位，出知大名府。仁宗即位，召為樞密副使。天聖三年(1025)拜相，卒於位。事跡詳見《宋史》卷三一〇《張知白傳》。

必使反復陳之。

十月乙酉，監修國史①王曾言："唐史官吳兢②于正史實錄外，錄太宗與羣臣對問之語為《貞觀政要》③，今欲采太祖、太宗、眞宗《實錄》、《日曆》、《時政記》、《起居注》（均為宋代官修史書，主要是記錄帝王日常生活和政事活動的原始資料），其間事迹不入正史者，別為一書。"從之。

帝每御經筵，以象架（象牙書架）庋[guǐ]（置放）書策外向，以使侍臣講讀。天聖末，孫奭年高視昏，或陰晦，即為徙御坐于閤外。奭每講論至前世亂君亡國，必反復規諷，帝意或不在書，奭則拱默（亦作"拱嘿"，拱手緘默）以俟[sì]（等待），帝為竦然改聽。嘗書《無逸圖》上之，帝施于講讀閣。

明道元年（1032）二月癸卯，監修國史呂夷簡④上《三朝寶訓》三十卷，即王曾所請也。

景祐元年（1034）正月丁亥，尚書都官員外郎（官階名，即

<hr />

① 監修國史，館職名。宋制宰相分領三館，若置三相，次相兼修國史，若兩相，首相兼昭文館大學士與監修國史，其中只有監修國史有實際職事，大學士僅為尊寵而已。

② 吳兢（670-749），汴州浚儀（今河南開封）人。少勵志勤學，博通經史。武則天時，入史館，修國史。神龍中，為右補闕，預撰《則天實錄》。轉起居郎。開元初，上疏倡直諫之風。拜諫議大夫兼修國史，時言政治得失。修史近三十年，敘事簡要，據事直書，時稱今之董狐。事跡詳見《舊唐書》卷一〇二、《新唐書》卷一三二《吳兢傳》。

③ 《貞觀政要》，唐吳兢撰，十卷，四十篇。以君道、政體、任賢、納諫等為題，採集《太宗實錄》以外的唐太宗與群臣的論政內容，頌揚太宗的德政、治術，以作為繼統治者的借鑒。

④ 呂夷簡（979-1044），字坦夫，壽州（今安徽鳳臺）人。咸平進士。真宗朝歷任地方官，累擢刑部郎中，權知開封府。仁宗即位，任參知政事，天聖六年（1028）拜相。仁宗親政，罷相，後又兩度入相。夷簡前後居相位二十年，其為政理念保守，與范仲淹等新派士大夫多有衝突。慶曆三年（1043），孫沔、蔡襄、歐陽修等劾其為相專事姑息，大壞綱紀，遂以太尉致仕。旋卒。事跡詳見《宋史》卷三一一《呂夷簡傳》。

都官司員外郎。無職事，從六品上。都官司為尚書刑部四司之一）賈昌朝①，尚書屯田員外郎（官階名，即屯田司員外郎。無職事，從六品上。屯田司為尚書工部四司之一）趙希言（生平事跡不詳），太常博士、崇文院檢討王宗道（生平事跡不詳），國子博士楊安國②，並為崇政殿說書（官名。職掌與侍講、侍讀同，所不同者，以官秩低、資歷淺而學識可備講說者充任），日以二人入侍講說。崇政殿置說書自此始。

二年（1035）正月癸丑，置邇英、延義二閣，寫《尚書·無逸篇》于屏。邇英在迎陽門之北東向，延義在崇政殿之西南向。是日，御延義閣，召輔臣觀賈昌朝講《春秋》，盛度③讀《唐書》。

三年（1036）正月乙巳，賈昌朝言：“臣幸得侍經禁中，陛下每以清閒之燕，嚮學稽古，徽（美好）言善道，取高前聖，事在隻日，杳隔嚴宸，《時政記》、史舘《日曆》及《起居注》莫得纂述。臣自景祐元年春迄二年冬，凡書筵侍臣出處升絀、封章（言機密事之章奏皆用皂囊重封以進，故名封章）進對、

---

① 賈昌朝（998-1065），字子明，開封（今屬河南）人，天禧元年（1017）獻頌於真宗，賜同進士出身。善說說，歷任學官、講讀官。仁宗慶曆中，除參知政事，改樞密使，旋遷平章事兼樞密使。因與參知政事吳育不和，罷相判大名府。嘉祐元年（1056），再除樞密使。三年，復罷為外官。事跡詳見《宋史》卷二八五《賈昌朝傳》。

② 楊安國，字君倚，密州安丘（今屬山東）人。以五經及第，仁宗時為崇政殿說書，後任天章閣侍講，龍圖閣直學士。在經筵二十七年，講說一以注疏為主，無所發明。累遷給事中。年七十餘卒。事跡詳見《宋史》卷二九四《楊安國傳》。

③ 盛度（968-1041），字公量，余杭（今浙江杭州西）人。端拱進士，補濟陰尉，遷三司戶部判官。嘗使陝西，繪《西域圖》、《河西隴右圖》。累擢知制誥、翰林學士，坐交通宦官，責知光州，再貶知州團練副使。天聖初起知筠州，復為翰林學士，遷給事中。景祐二年（1035）參知政事，四年知樞密院事。後坐事罷知揚州。事跡詳見《宋史》卷二九二《盛度傳》。

燕會賜與,皆用存記,列為二卷,乞送史館。"詔以《邇英延義二閣記注》為名,命章得象[1]等接續修纂。

七月乙酉,侍講學士馮元獻《金華五箴》,降詔褒諭。

四年(1037)三月甲戌朔,以崇政殿說書、尚書司封員外郎(即司封司員外郎。司封為尚書吏部四司之一)、直集賢院(館職名。在集賢校理之上、集賢修撰之下。四直官中,次於直昭文館、直史館,而高於直秘閣)賈昌朝,尚書祠部員外郎(尚書祠部司員外郎)、崇文院檢討王宗道,尚書屯田員外郎、國子監直講趙希言,並兼天章閣侍講(品位比直龍圖閣,入內殿起居,居班在直史館、昭文館等館閣官及本官之上。仁宗以後不復置),預內殿起居。天章閣置侍講自此始。

九月丁卯,御邇英閣讀《唐書》,因詔《唐書》列傳止取事義切于規戒者讀之。

十月甲戌,讀《正說·慎罰篇》,述後漢光武罷梁統[2]從重之奏。帝曰:"深文峻法,誠非善政。"宋綬對曰:"王者峻法則易,寬刑則難。夫以人主得專生殺,一言之怒則如雷如霆,是峻易而寬難也"

丙戌,讀《正說·養民篇》,帝曰:"《尸子》(書名。據傳為戰國時人尸佼撰,共二十篇,《漢書·藝文志》列為雜家。其書早佚,唐代

────────────

① 章得象(978-1048),字希言,建州浦城(今屬福建)人。咸平進士。居翰林十二年,劉太后聽政期間能獨立自守,以此為仁宗所賞識,親政後擢同知樞密院事,旋拜相。在中書八年,不用宗黨親戚。慶曆中,對范仲淹等推行改革持緘默態度,遂以久居相位無所建明遭彈劾。慶曆五年(1045),出判陳州及河南府,旋以疾致仕。事跡詳見《宋史》卷三一一《章得象傳》。

② 梁統,字仲寧,安定烏氏(今寧夏固原東南)人。初仕州郡。新莽敗亡後,更始帝命為酒泉太守。更始敗,與竇融等據河西,為武威太守。建武五年(29)隨融歸漢,封宣德將軍。後因功封侯,拜太中大夫。多次上書建議重刑罰,遵重典,不被採納。出為九江太守,卒于官。事跡詳見《後漢書》卷三四《梁統列傳》。

魏徵有輯本)言‘君如杅[yú](盛水器皿)，民如水’，何也?”丁度①對曰：“水隨器之方圓，若民從君之好惡，是以人君愼所好焉。”(此事《長編》繫於卷一二〇，十月丙子條，繫日與此不同)

甲午，講《春秋》，詔：“《春秋》自昭公②之後，魯道陵遲(衰敗)，家陪(卿大夫的家臣，此指從季孫氏之家臣陽虎開始的魯國家臣執國政)用政，記載雖悉，而典要則寡，宜刪去蔓辭，止取君臣政教事節講之。”因謂宋綬等曰：“《春秋》經旨，在于獎王室，尊君道，丘明(即左丘明，春秋末期魯國史家。與孔子同時代或在其前。相傳《左傳》出於其手，又傳《國語》亦出其手)作傳，文義甚博，然其間錄詭異，則不若《公羊》、《穀梁》二傳之質。”綬等對曰：“‘三傳’得失，誠如聖言。臣等自今，凡丘明所記，事稍近誣，及陪臣僭亂(犯上作亂)，無足勸誡者，皆略而不講。”

寶元二年(1039)三月壬寅，編修院(官署名。掌編修國史、會要、實錄、修纂日曆。隸門下省。元豐四年撤銷，事歸史館)與三司③上《歷代天下戶數》。前漢千二百二十三萬三千六十二，後

---

① 丁度(990-1053)，字公雅，開封祥符(今河南開封)人。舉大中祥符制科。真宗朝歷知太常禮院、判史部南曹等。仁宗朝歷任知制誥、翰林學士、河東宣撫副使、知審刑院、樞密副使、參知政事等職，深得仁宗賞識。曾上《備邊要覽》、《慶曆兵錄》、《贍邊錄》等，于邊事多所論述。晚年奉召預纂《武經總要》。事跡詳見《宋史》卷二九二《丁度傳》。

② 魯昭公(? -前510)，魯國之二十四代君主。前542年即位，前517年，魯昭公伐季孫氏，大敗，昭公逃到齊國，前510年，昭公死。

③ 三司，官署名，北宋高最財政機構。宋承唐末五代之制，以鹽鐵、度支、戶部三司合為三司，統籌國家財政。鹽鐵掌坑冶、商稅、茶、鹽等項收入，修護河堤，給造軍器等。度支掌各種財政開支、漕運、供應全國費用等。戶部掌戶口、兩稅、上供、榷酒等。三司長官三司使在朝廷中位權極重，號為“計相”。神宗元豐改制廢，其事歸尚書戶部等部門。

漢千六百七萬七千九百六十，魏九十四萬三千四百二十三，晉二百四十五萬九千八百，宋九十萬六千八百七十，後魏三百三十七萬五千三百六十八，北齊三百三萬二千五百二十八，後周三百五十萬，隋八百九十萬七千五百三十六，唐九百六萬九千一百五十四。國朝太祖朝二百五十萬八千九百六十五，太宗朝二百五十七萬四千二百五十七，眞宗朝八百六十六萬九千七百七十九，寶元元年（1038）千一十一萬四千二百九十。先是，邇英閣讀眞宗《正說・養民篇》，見歷代戶口登耗（猶增減）之數，帝顧謂侍臣曰：“今天下民籍幾何？”侍讀學士梅詢①對曰：“先帝所作，蓋述前代帝王恭儉有節，則戶口充羨（充足有餘），賦歛無藝（藝，極也。指沒有極限或限度），則版圖（即戶籍之版、土地之圖）衰減。自五代之季，生齒凋耗，太祖受命，而太宗、眞宗繼聖承祧[tiāo]（繼承先代），休養百姓，天下戶口之數，蓋倍於前矣。”因詔三司及編修院檢閱以聞，至是上之。

　　十月乙丑，御邇英閣講《春秋左氏傳》及讀《正說》終。帝曰：“《春秋》所述前世治亂之事，敢不監（通鑒）戒？《正說》先帝訓言，敢不遵奉？”丁度等拜伏而言曰：“陛下德音若此，誠天下之福也。”帝又問丁度《尚書・洪範》、《酒誥》二篇大義，度悉以對。帝命錄二篇以進。因詔續

---

① 梅詢（964—1041），字昌言，宣城（今屬安徽）人。端拱中進士及第。眞宗朝為三司戶部判官，屢上書言西北事。後歷任知蘇州、兩浙轉運使、知濠州、荊湖北路轉運使。累遷給事中，因疾以侍讀學士出知許州。康定二年（1041）六月卒。事跡詳見《宋史》卷三〇一《梅詢傳》。

講《周易》，李淑①讀《三朝寶訓》，丁度、李仲容②讀所編《經史規鑑》事迹。(此事《長編》繫於卷一二四，十月丙寅條，繫日與此不同)

十一月癸巳，以皇子生，燕宗室于太清樓，讀《三朝寶訓》，賜御詩，又出《寶元天人祥異書》示輔臣。其書帝所集天地辰緯(即星座)、雲氣雜占凡七百五十六，分三十門，為十卷。

慶曆元年(1041)七月戊申朔，出御製《觀文鑑古圖記》以示輔臣。

八月，詔兩制檢閱《唐書》紀傳君臣事迹近于治道者，日錄一兩條上之。以翰林學士蘇紳③言，唐憲宗嘗令近臣具前代得失之迹，繪圖以備觀覽也。(此事《長編》繫於卷一三三，八月乙酉條)

二年(1042)二月，召御史中丞(官名，為朝廷監察機關御史臺長官)賈昌朝侍講邇英閣。故事，臺(御史臺)丞無在經筵者。帝以昌朝長於講說，特召之。(此事《長編》繫於卷一三五，二月丁丑條)

---

① 李淑(1002-1059)，字獻臣，徐州豐(今屬江蘇)人。真宗時賜進士及第，授秘書郎，進太常丞，累遷龍圖閣學士。精通歷代典章制度，製作誥命，為時所稱。曾與修撰《國朝會要》、《三朝訓鑒圖》、《閣門儀制》等官修典籍。事跡詳見《宋史》卷二九一《李淑傳》。

② 李仲容，字儀父，京兆萬年(今陝西西安)人。咸平五年(1002)進士。除大理評事，知三原縣，累擢左司諫、直史館。仁宗天聖中，以起居郎為知制誥，後歷任給事中、集賢院學士、翰林侍讀學士，官至戶部侍郎卒。事跡詳見《宋史》卷二六二《李仲容傳》。

③ 蘇紳，字儀甫，泉州晉江(今屬福建)人。天禧年間進士。歷任宣州、開封府推官、三司鹽鐵判官等。仁宗朝上言邊事，升任史館修撰，擢知制誥、翰林學士。旋以薦舉不當，被劾，出知揚州。後為翰林學士，復以言事不合，知河陽。徙知河中，未行而卒。事跡詳見《宋史》卷二九四《蘇紳傳》。

天章閣侍講林瑀（生平事跡不詳，惟知其為天聖二年宋郊榜進士，曾官國子監直講）上《周易天人會元紀》，御史中丞賈昌朝言瑀以陰陽、小說（指其書言《周易》事涉圖緯，持陰陽五行神秘之說）上惑天聽，不宜在勸講之地，帝諭輔臣曰："人臣雖有才學，若過為巧偽，終有形迹。"乃落瑀職，通判①饒州（今江西鄱陽）。（此事《長編》繫於卷一三五，三月丙戌條）

四年（1044）二月丙辰，御迎陽門，召輔臣觀圖畫，其畫皆前代帝王美惡之迹可為規戒者。因命曾公亮②講《詩》，王洙③讀《祖宗聖政錄》，丁度讀《前漢書》。先是，趙元昊④反，罷進講、侍講。趙師民⑤上書陳十五事，八曰延講誦，因獻《勸講箴》。至是復命講讀經史。

---

① 通判，官名。宋初鑒於五代藩鎮割據的教訓，于太祖乾德元年（963）始於各州府設此職。為州府的副長官，有監察所在州府官員之權，凡民政、財政、戶口、賦役、司法等事務文書，皆需知府、知州與通判連署。

② 曾公亮（999-1078），字明仲，泉州晉江（今屬福建）人。天聖年間進士，知會稽縣。歷任知制誥兼史館修撰、翰林學士、判三班院、知鄭州、開封府。嘉祐初，擢參知政事，改樞密使，六年（1061）任同平章事。歷英宗，至神宗初皆居相位。薦王安石可大用，暗助其變法。熙寧三年（1070）罷相，四年判永興軍，旋以太傅致仕。前後為宰輔十五年，歷仕三朝，號稱老成持重。事跡詳見《宋史》卷三一二《曾公亮傳》。

③ 王洙（997-1057），字原叔，應天宋城（今河南商丘）人。舉進士，由舒城縣尉官史館檢討、知制誥、翰林學士。出知濠、襄、徐、亳等州。入拜知制誥，官至尚書吏部郎中。王氏泛覽博記，圖譜、算術、音律、訓詁、方技、陰陽五行等學皆貫通。事跡詳見《宋史》卷二九四《王洙傳》。

④ 趙元昊（1003-1048），即元昊，西夏開國皇帝，党項族人。其先世唐末據夏州，為節度使，唐室賜姓李。其祖李繼遷反宋，戰死，其子德明降宋，受封西平王。元昊為德明長子，嗣立，襲封西平王。宋仁宗寶元元年（1038）稱帝，國號大夏，定都興慶府（今寧夏銀川）。頻繁與宋交戰，至慶曆四年（1044）與宋結和，宋策命其為西夏國主，賜姓趙。

⑤ 趙師民，字周翰，青州臨淄（今山東淄博）人。舉進士，領諸城主簿。累遷國子監直講，改著作佐郎、宗正寺主簿，加崇文院檢討、崇政殿說書，遷宗正丞。後又遷天章閣侍講、同知貢舉，進待制、同判宗正寺。志尚清遠，專以讀書為事。性極慈恕，勤於吏治，政有惠愛。事跡詳見《宋史》卷二九四《趙師民傳》。

帝御邇英閣,讀《漢書》"紀",問長安城,眾莫能知,共推趙師民,師民因陳自古都雍(長安屬《禹貢》九州之雍州)年世、舊址所在,若畫諸掌。帝悅曰:"何直所記如此?"師民在經筵十餘年,甚見器異,常盛夏屬疾家居,帝飛白書團扇為"和平"字以賜之。

丁度讀《漢書》,帝曰:"漢稱文景,景不及文。鼂錯忠而被誅,良可惜也。"

三月己卯,帝於邇英閣出《危竿諭》一篇,述居高慎危之意。又出御書十有三軸,凡三十五事:一曰遵祖宗訓;二曰奉眞考(其父宋真宗)業;三曰祖宗艱難,不敢有墜;四曰眞宗愛民,孝思感噎;五曰守信義;六曰不巧詐;七曰好碩學;八曰精六藝;九曰慎言語;十曰待耆老;十一曰靜進退;十二曰求忠正;十三曰懼貴極;十四曰保勇將;十五曰尚儒籍;十六曰議釋老;十七曰重良臣;十八曰廣視聽;十九曰功無迹;二十曰戒喜怒;二十一曰明巧媚;二十二曰分希旨;二十三曰從民欲;二十四曰慎滿盈;二十五曰傷暴露兵;二十六曰哀鰥寡民;二十七曰訪屠釣臣;二十八曰講遠圖術;二十九曰辨朋比;三十曰斥諂佞;三十一曰察小忠;三十二曰監迎合;三十三曰罪已為民;三十四曰損躬撫軍;三十五曰一善可求,小瑕不廢。顧謂丁度等曰:"朕觀書之暇,取臣僚上言及進對事目可施于政治者,書以分賜卿等。"度及曾公亮、楊安國、王洙等既拜賜,因請註釋其義,帝許之。

乙酉,帝問輔臣《春秋》三傳異同之義,賈昌朝對曰:"《左氏》多記時事,《公羊》、《穀梁》專解經旨,大抵皆以尊王室正賞罰為意。然三傳異同,考之亦有得失也。"帝然之。

　　丙戌,丁度等上《答邇英聖問》一卷。帝覽之終篇,指其中體大者六事,付中書、樞密院①,令奉行之。《答聖問》者,即所釋前所賜三十五事也。其序曰:"伏奉宣示御書文字十三軸,仰窺聖旨,皆陛下上念祖宗,下思政治,述安危成敗、忠邪善惡之事。詢謀下臣,使進裨補,敢不竭愚。竊思自古求治之主,靡不欲興理道(即治道,襲避唐高宗李治諱),安邦國,納忠正,退姦邪,廣聰明,致功業。然行此數事,在明與威斷爾。明則不惑,威則善柄,斷則能行。總是三者,守而勿失,非聖人孰能為之? 臣等嘗讀《唐書》,見憲宗英悟,留心庶政,宰臣陳說政要,必往復詰問。既盡其理,則曰:'凡好事,口說則易,躬行則難。卿等既為朕言之,常須行之,勿空陳而已。'李絳②對曰:'非知之艱,行之惟艱。陛下今日處分,可謂至言。然臣絳亦以天下之人從陛下所行,不從陛下所言,唯願每言之,則必行之。'憲宗深所嘉納。今臣等親承聖諭,敷明治要,亦願陛下日與輔臣舉此事目推而行之,無使唐之君臣專美前

① 樞密院,官署名。宋以樞密院為最高軍事機關,掌軍國機務、兵防、邊備、軍馬等政令,出納機密命令,與中書分掌軍政大權,合稱"兩府"。其長官為樞密使,或為知樞密院事;副長官為樞密副使,或同知樞密院事,如官資淺則稱樞密直學士簽署院事、同簽署院事,常以文臣充任。統轄三衙,以文制武。

② 李絳(764—830),字深之,趙州贊皇(今屬河北)人。貞元八年(792)進士,又登博學鴻詞科。歷渭南尉、監察御史、知制誥、中書舍人、戶部侍郎,唐憲宗元和六年(811)拜宰相。九年以足疾罷相,先後任吏部尚書、華州刺史、河中觀察使、御史大夫,唐文宗大和二年(828),為山南西道節度使,四年,以兵變遇害。歷仕憲宗、穆宗、敬宗、文宗諸朝,直言敢諫,無所遷就。事跡詳見《舊唐書》卷一六四、《新唐書》卷一五二《李絳傳》。

代也。”

丁亥，帝謂輔臣曰：“朕每令講讀官敷經義于前，未嘗令有諱避。近講《詩》‘國風’，多刺譏亂世之事，殊得以為監戒。”章得象對曰：“陛下留思六經，能遠監前代興亡之迹，此誠圖治之要也。”

五月壬申，幸國子監，謁至聖文宣王。有司言舊儀止肅揖，帝特再拜。

五年（1045）二月丙申，御邇英閣，讀《漢書·元帝紀》①。帝語及漢元、成二帝政理（即政治），丁度因言：“頃者，臣下不知大體，務相攻訐，或發人陰私以圖自進，賴陛下聖明覺悟，比來此風漸息。”帝因言攻訐之弊曰：“凡此皆謂小忠，非大忠也。”

戊戌，講《詩》，起《雞鳴》盡《南山》篇。先是，講官不欲講衞《新臺》②，帝謂曾公亮曰：“朕思為君之道，善惡皆欲得聞。況《詩》三百，皆聖人所刪定，義存勸戒，豈當有避也？”乃命自今講讀經史，毋得輒遺。

三月戊午，講《詩·匪風》篇曰：“誰能烹魚，溉（《說文》所引作“摡”，洗滌之意）之釜鬵[fǔ qín]（皆為古代炊具）。”帝曰：“《老子》謂‘治大國若烹小鮮’，義與此同。”丁度對曰：“烹魚煩則碎，治民煩則散。非聖學深遠，何以見古人求治之意乎。”

---

① 漢元帝即劉奭（前75–前33），漢宣帝子，在位十七年，廟號高宗，謚號孝元皇帝。少好儒術，曾以其父持刑太深，即位後頗改宣帝之政。以名儒為宰相，又委政宦官，重用外戚，政治漸趨腐敗。

② 《新臺》為《詩經·邶風》中的一篇。據《詩經·序》載衞宣公為其子汲娶齊國女子為妻。後宣公聽說女子貌美，便築新臺自娶之，於是國人作《新臺》一詩予以譏刺。

　　己卯,講《詩·六月》篇,帝曰:"此《序》自《鹿鳴》至
《菁菁者莪》,皆當為帝王常行之道,豈止當時之事邪?"
楊安國對曰:"昔幽王①失道,《小雅》盡廢,四夷交侵,中
國遂微。先儒所以作《序》,為萬世監也。"帝令再講之。

　　甲申,講《詩·節南山》篇,帝問楊安國周幽王所終,
安國對曰:"幽王在位十二年,為犬戎(古族名。古戎人的一支,
亦稱畎戎、昆夷,殷周時遊牧于涇水、渭水流域)所殺,宗周②遂亡,平
王東遷,自此微弱。"帝雖素所聞知而特降問,以示臣下善
惡廢興之事無所諱也。讀《漢書·韓信傳》③,至信破齊,
自請為假王,張良④、陳平⑤躡高帝足,遂以為真。帝歎曰:
"漢祖之從諫、善用人不疑如此。"丁度對曰:"漢祖聰明

---

① 周幽王(前795-前771),姓姬,名宮湦[shēng]。周宣王之子,西周第十二代君
　王,在位十二年,諡號幽王。因立寵姬褒姒為后,且以褒姒子伯服為太子,廢后之
　父申侯聯合繒國、犬戎破鎬京,西周滅亡。

② 宗周,周為諸侯所宗仰,故王都所在地稱宗周,即豐、鎬之地。周平王東遷後,都於
　洛邑(今河南洛陽),稱為成周、東周。

③ 韓信(?-前196),淮陰(今屬江蘇)人。家貧,始投項梁,繼隨項羽,後從劉邦。漢
　王元年(前206),經丞相蕭何力薦,始為大將。楚漢戰爭期間,韓信開闢北方戰
　場,破魏、趙、齊,封齊王。參與指揮垓下決戰,擊滅楚軍。劉邦雖用韓信而心存疑
　忌,滅項羽後,即奪其兵權,徙為楚王,繼又黜為淮陰侯,終被呂后以謀反罪誅。事
　跡詳見《史記》卷九二《淮陰侯列傳》、《漢書》卷三四《韓信傳》。

④ 張良(?-前186),字子房,先世為戰國時韓國人。祖父開地、父平,曾五世相韓。
　韓亡,曾與客在博浪沙狙擊始皇未遂。陳勝、吳廣起義後,張良聚眾響應。不久歸
　屬劉邦,此後成為劉邦的重要謀士。他協助劉邦制訂作戰方略,並在政治上、策略
　上提出諸多重要建議。劉邦即帝位後,被封為留侯。惠帝六年病卒。事跡詳見
　《史記》卷五五《留侯世家》、《漢書》卷四〇《張良傳》。

⑤ 陳平(?-前178),陽武(今河南原陽東南)人。少喜讀書,有大志。秦末初事魏王
　咎,不久受讒亡歸項羽,劉邦還定三秦,間行降漢。先後參加楚漢戰爭和平定異姓
　王侯叛亂,因功封戶牖侯、曲逆侯。漢高祖死,呂后以陳平為郎中令,傅教惠帝。
　惠帝六年(前189),拜相。呂后死,與太尉周勃合謀平定諸呂之亂,迎立代王為文
　帝。孝文二年死。事跡詳見《史記》卷五六《陳丞相世家》、《漢書》卷四〇《陳
　平傳》。

大度,故羣下得盡其誠。不然,何以基漢業也?"(《長編》卷
一五五,三月甲申條記後一事,前一事他書不載)

四月辛卯,講《詩·小旻》篇曰:"如彼泉流,無(通
"勿")淪胥(淪陷、淪喪)以敗。"帝謂趙師民曰:"以水喻政,其
有指哉?"對曰:"水性順,順故通,通則清。逆故壅,壅則
敗。喻用賢則王政通而世清,用邪則王澤壅而世濁。幽
王失道,絀正用邪,正不勝邪,雖有善人不能為治,亦將相
牽,淪于污敗也。"(此事《長編》繫於卷一五五,四月壬辰條,繫日與此
不同)

丁未,講《詩》至《巷伯》篇曰:"哆(張口)兮侈兮,成是
南箕(星宿名,共四星,聯接成梯形,如簸箕狀)",注有魯男子獨處
之事。帝曰:"嫌疑之際,古人之所慎也。此不著魯人姓
氏,豈聖人特以設教邪?"

壬辰,講《詩·小弁》至《巧言》篇,帝問:"將來說
《詩》畢,宜講何書?"楊安國對曰:"《論語》者,先聖精意
善言,為人倫師法,於經義最大。"帝曰:"然。便可與《孝
經》同講也。"(此事他書不載)

丁度在經筵,帝每呼"學士"而不名,常問蓍[shī]龜
(蓍,蓍草;龜,龜甲。古人以蓍草與龜甲占卜凶吉,因以指占卜)占應之
事,度對曰:"卜筮(古時預測吉凶,用龜甲稱蔔,用蓍草稱筮)雖聖人
所為,及其成乃一技耳,不若以古之治亂為蓍龜也。"

十一月甲午,講《詩·角弓》篇,帝曰:"幽王不親九
族,以至於亡。"楊安國對曰:"冬至日,陛下親燕宗室,人
人撫藉(撫慰),豈不廣骨肉之愛也。"帝又曰:"《書》云'九
族既睦,平章(辨別彰明)百姓'。此帝堯之盛德也,朕甚

慕之。”

　　乙未，講《詩·都人士》篇，帝曰：“古人冠服，必稱其行，今冠服或過之，行未必如古人也。”讀《三朝經武聖略》至眞宗朝，李繼和①上言：“國初，李漢超②在關南③以私錢貿易以佐公用，人或繩奏之，太祖反令盡除所過稅。”帝曰：“任人如此，孰不盡力哉。”

---

① 李繼和(963-1008)，字周叔，潞州上黨(今山西長治)人。處耘子。以蔭補供奉官，三遷洛苑使。咸平中，奏請築鎮戎軍(今寧夏固原)城，遂為知軍，兼涇、原、儀、渭鈐轄，使隴山外諸族內附。六年(1003)，為並、代鈐轄。累遷殿前都虞侯，領端州防禦使。事跡詳見《宋史》卷二七五《李繼和傳》。

② 李漢超(？-977)，字顯忠，雲州雲中(治今山西大同)人。後周時補殿前指揮使，遷殿前都虞侯。宋初任散指揮都指揮使，控鶴左廂都校，遷齊州防禦使兼關南兵馬都監。關南素苦契丹攻擾，其到任後，頓然改觀。宋太宗初，遷應州觀察使，判齊州，仍為關南巡檢。先後在任十七年，以善撫士卒稱。事跡詳見《宋史》卷二七三《李漢超傳》。

③ 關南，古地區名。後周世宗顯德六年(959)，周世宗柴榮攻契丹，收復瓦橋、益津、淤口三關及瀛、莫二州，北宋時稱這三關以南的地區為“關南”。約當今河北省白洋澱以東的大清河流域以南至河間縣一帶。

卷　五

仁宗體天法道極功全德神文聖武濬哲明孝皇帝　中

　　慶曆七年(1047)三月丙申,御邇英閣講《孝經》,面賜曾公亮三品服。帝謂宋祁[①]曰:"此賜異於他臣僚。"又曰:"自古帝王皆有師,今賜師儒之臣,講筵之榮事也。"

　　己亥,講《論語·序》,至安昌侯張禹[②],帝曰:"是朱雲[③]

---

① 宋祁(998-1061),字子京,安州安陸(今屬湖北)人。天聖進士,由復州推官累遷翰林學士。慶曆中,為《唐書》刊修官,多所撰述。皇祐三年(1051)出知亳州,自此歷成德軍及定、益、鄭等州。后遷左丞,進工部尚書。事跡詳見《宋史》卷二八四《宋祁傳》。

② 張禹(?-前5),字子文,河內軹縣(今河南濟源東)人,因精通《易經》和《論語》,受到諸儒推薦,漢元帝召為博士。後升任光祿大夫,教授太子(漢成帝)《論語》。成帝即位後,歷任光祿大夫、給事中、丞相等職。禹為人謹慎厚道,為官期間多避讓當時權臣王鳳,也因此被朱雲攻擊為佞臣。事跡詳見《漢書》卷八一《張禹傳》。

③ 朱雲,字遊,原居魯國(治今山東曲阜),徙平陵(今陝西咸陽西北)。少好任俠,年四十,學《易》、《論語》,元帝時為博士,先後任杜陵令、槐里令。因攻中書令石顯,減死為城旦。成帝時,進諫攻擊丞相張禹為佞臣,皇帝怒,欲斬之,左將軍辛慶忌死爭,遂獲赦。自此不仕,教授生徒,年七十餘卒於家。事跡詳見《漢書》卷六七《朱雲傳》。

乞斬者乎？”楊安國對曰：“是也。”因言：“禹為成帝①師，以《論語》授帝，後為丞相。時大將軍②王鳳③專政，吏民多上書譏切王氏。成帝至禹第，辟左右，以吏民言王氏事示禹。禹謂上曰：‘新學小生，亂道誤人，宜無信用。’上雅信愛禹，由此不疑王氏，後王氏果篡漢。”帝曰：“禹師臣不忠，讀書何為？”

　　四月己巳，讀《賈誼傳》，論三公三少④，皆天下之端士，與太子居處出入，故少成若天性，習慣如自然。帝曰：“朕昔在東宮，崔遵度、張士遜、馮元為師友，此三人者皆老成人。至於遵度，尤良師傅也。”

　　辛未，讀《貞觀政要》⑤，唐太宗曰：“今所任人，必以

①　即劉驁（前51–前7），元帝子，廟號統宗，諡號孝成皇帝。劉驁在位期間，生活荒淫，寵倖趙飛燕、趙合德姐妹，怠於政事，以母舅王鳳為大司馬大將軍領尚書事，總攬朝政，王氏諸舅皆為列侯，大權逐漸為王氏外戚掌握。成帝統治期間大興土木，導致天下匱竭，百姓流離失所，各地反抗鬥爭此起彼伏，西漢王朝迅速衰落。

②　大將軍，官名。漢武帝以後，大將軍常冠大司馬之號，秩萬石，領尚書事，執掌朝政，成為中朝官最高領袖，優寵、權力常在外朝宰相之上。任職者常為非將帥的文臣，多是皇帝寵信的貴戚。

③　王鳳（？–前22），字孝卿，魏郡元城人（今河北省大名縣東）。陽平頃侯王禁長子、元帝皇后王政君之兄。成帝即位後，王鳳任大司馬大將軍領尚書事，專擅朝政，排除異己，強迫定陶王回藩國，誣陷丞相王商，處死了京兆尹王章。河平二年（前27），諸弟五人同日封侯，世稱“五侯”，王氏秉權自此始。事跡詳見《漢書》卷九八《元后傳》。

④　三公為官名合稱，是最高輔政大臣，具體所指，說法各異。一說指太師、太傅、太保，一說指司徒、司馬、司空。西漢初沿用以稱丞相、太尉、御史大夫等最高官員。成帝時罷丞相制，設三公同為宰相，共同執政，以丞相、大司馬、御史大夫為三公，秩祿同丞相，各自立府，辟僚屬，三分相權。後世演變為大臣的加官、贈官，已非行政首腦。三少為三公的副職，亦稱三孤，是少師、少傅、少保的合稱。

⑤　按，省園本、文淵閣四庫本“貞”作“正”，為避宋仁宗趙禎諱，文津閣四庫本、翁校本已改回。

德行、學識為本。"王珪①曰:"人臣若無學業,豈堪大任?漢有詐稱衛太子②者,雋不疑③斷以《春秋》蒯瞶[guì]④之事,宣帝與霍光⑤嘉之,曰:'公卿大臣,當用經術。'"帝曰:"人臣須是知書,宰相尤須有學也。"楊安國對曰:"漢儒多引經決大事,宰相必通一經。"帝謂宋祁曰:"近代士人,多不務通經,但用一時之藝苟取富貴。蓋進用,高科者不十年便居顯位,所以不勸也。"又曰:"孫奭、馮元有子

---

① 王珪(1019-1085),字禹玉,成都華陽(今屬四川)人。慶曆進士,通判揚州,後召值集賢院,修起居注。進知制誥,為翰林學士、知開封府。神宗即位遷學士承旨。熙寧三年(1070),拜參知政事。九年,進同中書門下平章事,集賢殿大學士。善文翰,其文宏侈瑰麗,自成一家。自執政至宰相,凡十六年,無所建明,時人稱之為"三旨(取旨、領旨、得旨)相公"。事跡詳見《宋史》卷三一二《王珪傳》。

② 即武帝太子劉據(前128-前91),謚號"戾太子",為皇后衛子夫之子。元狩元年(前122),立為太子,時年七歲。生性仁恕溫謹,常勸諫武帝減少戰事,休民生息,與其父政見不合,武帝亦嫌其寡才不類己。後江充等人借巫蠱之事陷害,劉據被迫起兵反抗,兵敗自盡。戾太子一案對漢武帝刺激極大,是促其改變積極事功政策的主要原因之一。事跡詳見《漢書》卷六三《戾太子傳》。

③ 雋不疑,字曼倩,勃海(今河北滄縣東)人。初為郡文學,遷青州刺史。昭帝即位,因搜捕齊孝王孫劉澤與燕王旦之叛有功,擢為京兆尹。始元五年(前82),有人冒充戾太子,朝臣不敢辨,他以儒經決事,終發其偽,以此名重當時。事跡詳見《漢書》卷七一《雋不疑傳》。

④ 蒯瞶,衛靈公之子,前480-478年為衛國國君。為太子時,與靈公夫人南子不睦,欲殺之不成,出逃晉國。靈公死,其子出公繼位。魯哀公十五年(前480),得姊伯姬之助,潛回,迫執政孔悝立己而逐出公。又二年,晉伐衛,其被衛人逐出,晉人立襄公之孫般師。晉兵退後,他又返衛,逐般師。因其與戎州人有宿怨,又役使工匠過甚,激起反抗,被殺。

⑤ 霍光(?-前68),字子孟,河東平陽(今山西臨汾西南)人。霍去病異母弟。少為郎,遷諸曹侍中,后為奉車都尉光祿大夫,為武帝所親信。武帝臨終,以大司馬大將軍,與上官桀、桑弘羊同受遺詔,輔佐少主。後與兩人爭權有隙,以交結燕王旦謀反罪名,殺桀等,遂專朝政。昭帝死,立宣帝。前後秉政二十年,煊赫一時。地節二年(前68)病卒。後其子霍禹等謀反,族誅。事跡詳見《漢書》卷六八《霍光傳》。

孫在朝否?"祁對曰:"奭子瑜①為崇文院檢討,元子譓(生平
事跡不詳,惟《宋史·馮元傳》末載"無子,以兄之子譓為後")監內衣
庫②。"帝問其才行何如,祁以實對,帝曰:"二人名儒,奭尤
淳正。"祁曰:"奭在朝,屢奏論事。"(此事《長編》附於慶曆七年
四月己巳條後,且記事太簡)

十月,直史館③張揆④上所著《太元集解》⑤,召對延和
殿,令探蓍(即揲[shé]蓍,古代占卜時將蓍草按定數等分,用以占卜。
按,"探",《長編》、《宋史》記此事皆作"揲"),得斷首,且言斷首準
《易》之"夬[guài]",蓋陽剛以決陰柔,君子進小人退之象。
帝悅,擢天章閣待制⑥、兼侍讀。(此事《長編》繫於卷一六一,十月

---

① 孫瑜,字叔禮,博平人,孫奭子。以父蔭為將作監主簿,稍遷開封府判官,曾奉命使
遼。除兩浙轉運使,至則均斗斛大小,黜吏之無狀者,民大悅。累官至工部侍郎卒。
事跡見《宋史》三三〇《孫瑜傳》。

② 監內衣庫,差遣名。按,此官名恐有誤,據《長編》卷七二,大中祥符二年七月戊寅
條載,是時已改內衣庫為尚衣庫。又另有內衣物庫,由衣庫改名,掌納左藏庫製造
給諸王、宗室、文武近臣、禁軍將校之春、冬時服。監內衣物庫由京朝官與內侍充。
監內衣庫一官,史籍中除此書及《長編》對應記錄提及再未出現,頗疑當作監內衣
物庫。

③ 直史館,館職名,簡稱直史。宋代初年置,為館職之一,任職一至二年後委以重任,
可超遷官階。後亦作為特恩加授外任官,元豐改制罷。以京官充,次於修撰,高於
編修、檢討。

④ 張揆,字貫之,齊州(今山東濟南)人。擢進士第,歷北海縣尉,改大理寺丞,以尚書
度支員外郎直史館。官至翰林侍讀學士,出知齊州卒。揆剛狷少容,闊於世務,好
讀書,有《太玄集解》。事跡詳見《宋史》卷二九四《張揆傳》。

⑤ "太元"即"太玄",《太元集解》是對漢儒揚雄所撰《太玄經》的解釋作品。此處原
為避宋聖祖趙玄朗諱,改"玄"為"元",清人避康熙帝玄燁諱,因襲未改。

⑥ 天章閣,天禧四年(1020)建,取"為章於天"之義命名。次年,閣成,收藏真宗御製
文集、御書。天聖八年(1030)置待制,景祐三年(1036)置侍講,慶曆七年(1047)
置學士與直學士。南宋時,圖籍、寶玩、符瑞之物,以及宗正寺所進宗室名冊、宋代
歷代皇帝畫像均藏於此。待制為職名,侍從官標誌,本為侍從、獻納之臣,實無職
守,但多為文臣差遣貼職。宋前期,三司副使、知制誥任滿即除之。元豐改制后,多
為中書舍人、給事中補外貼職。

壬寅條）

　　皇祐元年(1049)四月戊子，御邇英閣講《論語》“在陳絕粮”。帝曰：“夫子言‘君子固窮’，明聖人亦有否泰①尔。”楊安國對曰：“聖人雖坐亡遺照，不與人同憂患，然亦同天地否[pǐ]泰，故用有行藏。《易》曰‘天地閉，賢人隱’，若成湯繫于夏臺（夏代獄名，又名均臺，在今河南省禹縣南），文王囚于羑[yǒu]里（殷代監獄名，其地可能在今河南湯陰北），周公居東，孔子絕粮，此同天地否泰之事也。”講“子曰：‘賜（即端木賜，子貢）也，女以予為多學而識之者與？’”帝曰：“夫子或為帝王，則無此與時君抗厲（舉聲高亢且正色嚴厲），弟子抑揚之教乎？”安國對曰：“夫子雖不王，然其巍巍蕩蕩與堯舜一致，經籍垂於萬世，君君、臣臣、父父、子子，夫子之力也。”講“無為而治者，其舜也與？”帝曰：“若後代人君任臣得人，代天工而不私者，人君亦可以無為也。”安國對曰：“陛下比年降手詔（一般指帝王親筆所寫詔書，宋代實際上多為翰林學士代為起草，只是不經草擬、頒宣等既定程序而直接下達），訪逮羣臣，欲以致無為也，而當國之臣，少能上副憂勤，此群下之罪也。”講“言忠信，行篤敬”，帝曰：“忠信篤敬，不可斯須（須臾；片刻）而去也。”講“直哉史魚②”，帝

---

①　否、泰本為《周易》六十四卦中的兩個卦名。“否，坤下乾上，表示天地不交、上下隔閡、閉塞不通之象”；“泰，乾下坤上，為上下交通之象”。後常以指世事的盛衰，命運的順逆。

②　史魚，即史鰌，字子魚，春秋時衛國大夫。衛靈公時期任祝史，掌管祭祀，以正直聞名於世。時衛靈公重用佞臣彌子瑕，疏遠賢人蘧伯玉，力諫不果，後以屍諫感動靈公。故《論語·衛靈公》：“子曰：‘直哉史魚！邦有道如矢，邦無道如矢’”。

曰：“蘧[qú]伯玉①信君子矣，而不若史魚之直。不以邦有道則仕，邦無道則卷而懷之也。”安國對曰：“聖意以蘧伯玉不若史魚，欲戒不亮節之臣也。”（此事僅《太平治跡統類》卷二六載寥寥數語）

庚寅，講“師冕（樂師名冕者）見，子告之曰：‘某在斯，某在斯’”，帝曰：“夫子可謂不欺矣。”楊安國對曰：“誠如聖言。”（此事他書不載）

五月癸巳，講《季氏篇》。帝問：“遠人不服，則修文德以來之，如何？”趙師民對曰：“文者，經緯天地之總稱。君人之道，撫之以仁，制之以義，接之以禮，示之以信，皆文德也。”帝曰：“然所先者，無如信也。”師民曰：“至誠者，天下之大本，仁義禮樂皆必由之。陛下以為最先，此實聖道之要。”

乙未，講《論語》“天下有道，則禮樂征伐自天子出；天下無道，則禮樂征伐自諸侯出。自諸侯出，蓋十世希（同“稀”，少有）不失矣；自大夫出，五世希不失矣；陪臣執國命，三世希不失矣。”帝曰：“諸侯十世、大夫五世、陪臣三世，何謂也？”楊安國具以對。又講“戒之在得”，安國言：“人老好貪。”帝曰：“今人云作子孫之計是也。”

七月壬子，帝朝拜真宗神御（對先代帝王肖像的尊稱。御，謂御容。《宋史·禮志九》：“道觀佛寺，並建別殿，奉安神御”）回，幸資善堂，作詩：“先皇教善敞東闈，菲德（薄德。常用為自謙之詞）承

---

①　蘧伯玉，即蘧瑗，字伯玉，諡成子。春秋時衛國大夫，一生經歷衛獻公、殤公、靈公三代國君，為有名的賢大夫，主張德治、知禮敬上。他與孔子友善，孔子周遊列國，曾長期居於其家，設帳授徒。

宗賴慶暉。為感儲筵驚歲月，因瞻臺像駐驂騑（駕在服馬兩側的馬，指車駕）。楹書乍啓欽遺澤堂中藏先朝賜書，庭樹重攀記舊圍。疇日學文親政地，仰懷慈訓倍依依。”

九月壬寅，講“君子有九思”。帝曰：“夫子語人君邪？臣下邪？”楊安國對曰：“君子者，通天子、諸侯兼公卿、大夫，夫子立教，亦通臣下也。”講“不學《詩》，無以言”。帝曰：“古人賦詩以言志，詩人之志有譎[jué]諫①者，何也？”安國具以對。帝曰：“亦有觀威儀，省禍福，古人於賦詩見之。”安國以《春秋左氏傳》鄭大夫子展②、伯有③等賦詩以對，曰：“此觀威儀，省禍福之明也。”

丙午，講“鑽燧改火”。帝問其說，趙師民對曰：“古之聖王，必上奉天時，四時變火，各隨木性。近世苟簡，以為非治之具而廢之，至於萬事皆不如古④。”

丁未，講“惡居下流而訕上者”。帝曰：“何謂訕上？”楊安國對曰：“人君若有闕失，臣下當力正之。若不能面諫而退有後言，居下流而訕上也。”講“孔子曰：‘殷有三仁焉’”。帝曰：“三人迹異（指微子去之，箕子為之奴，比干諫而

① 譎諫，即委婉地勸諫。《詩·周南·關雎序》：“上以風化下，下以風刺上，主文而譎諫，言之者無罪，聞之者足以戒，故曰風。”鄭玄箋：“譎諫，詠歌依違不直諫。”
② 子展（？－前544），一作公孫舍之。春秋時鄭國大夫，魯襄公十八年（前555），執政子孔欲借楚力除去諸大夫，引楚師伐鄭，他與子西加強防守，使楚師無功而返。次年與子西合力殺子孔，遂執政。二十五年，與子產率軍破陳都，憑軍功被賜以八邑之地。
③ 伯有（？－前543），一稱良霄。春秋時鄭國大夫。魯襄公十一年（前562），晉率諸侯之師伐鄭，其奉命使楚，為楚拘執，三年後得釋。二十七年，代表鄭國至宋參與晉、楚締結的弭兵之盟。後因驕奢剛愎，為駟氏所殺。
④ 按，翁校本句末增“也”字，省圍本、四庫本皆無，參《長編》卷一七五，皇祐五年八月癸卯條；《宋史》卷二九四《趙師民傳》皆無，今刪。

死)，何同為仁?"楊安國對曰:"三人各盡其所宜,俱為臣法,故同稱仁也。"

辛亥,講《子張篇》。帝問:"子夏①、子張②,言交孰優?"③趙師民對曰:"聖人之道,含覆(含容庇護)廣大,與天地參。善者進德,惡者改行。子張之言實為優也。"帝然之。

癸丑,講"宗廟之美,百官之富"。帝因問古之公、卿、大夫、士皆有寢廟(古時宗族皆有廟,正殿稱廟,後殿稱寢,合稱寢廟),與今同異。丁度、宋祁對曰:"古者公、卿、大夫世及,所以子孫守其宗廟。近世公相,或子孫衰弱墜失門戶,雖有明詔立家廟,然恐不得如古。"帝因言近歲公相家有子孫微弱、門戶乏主者,軫[zhěn]惜(痛惜)久之。

十一月庚寅朔,御崇政殿,召近臣、三館、臺諫官④及宗室,觀《三朝訓鑑圖》⑤。

---

① 子夏(前507-?),卜氏,名商,字子夏,春秋末晉國溫(今河南溫縣)人,一說衛國人。孔子弟子。為人"好與賢己者處",以文學著稱。孔子死後,講學魏國,主張國君當習《春秋》,吸取教訓,防止臣下篡權。魏文侯尊其為師,田子方、段干木、李克、吳起等皆從學。

② 子張(前503-?),顓孫氏,名師,字子張,春秋末陳國陽城(今河南登封)人,一說魯國人。孔子弟子。出身微賤,性偏激勇武,曾隨孔子周遊列國,困于陳、蔡。孔子死後,居於陳。其後學成為儒家一派,稱為子張氏之儒。

③ 所言原文為:"子夏之門人問交於子張。子張曰:'子夏云何?'對曰:'子夏曰可者與之,其不可者拒之。'子張曰:'異乎吾所聞:君子尊賢而容眾,嘉善而矜不能。我之大賢與,于人何所不容? 我之不賢與,人將拒我,如之何其拒人也?'"

④ 臺諫官,唐宋為御史臺官與諫院官的合稱。御史臺掌糾察文武百官歪風邪氣、貪官污吏、肅正朝廷綱紀法規。諫官職在諫諍朝政闕失大則廷議,小則上封。

⑤ 陳振孫《直齋書錄解題》卷五言:"《三朝訓鑑圖》十卷,學士李淑、楊偉等修纂。慶曆八年,偉初奉旨檢討三朝事迹,乞與淑共編,且乞製序。皇祐元年書成。"

十二月辛酉，詔六日延和殿再坐。召尚書虞部員外郎①盧士宗②講《周易》，令舊講筵學士上殿聽。

乙丑，再御延和殿，侍讀、侍講並赴。命盧士宗講“泰卦”，面除天章閣侍講，賜紫章服（宋代輿服制度三品以上為紫，佩金魚袋，盧士宗品級不夠，仁宗特許以示優寵）。士宗，楊安國所薦也。是日，詔右僕射③賈昌朝赴講筵，備顧問，不講書。帝以昌朝前宰相，又舊講臣，特命之。

二年（1050）三月己丑，御邇英閣講《周易》。帝曰：“《易》歷三古，資九聖④，無有代號，今豈沿近題云‘周’也？”楊安國對曰：“伏羲氏始畫八卦，歷三古九聖，無文以言。惟《周官》‘三易’⑤云：一曰《連山》，二曰《歸藏》，三曰《周易》。蓋文王加‘周’字，以別于餘代爾。”講“乾卦”。帝曰：“聖人作《易》，以通神明之德，類萬物之情，而設卦何取倚象（憑藉卦象）也？”安國具以對。帝又曰：“大

---

① 尚書虞部員外郎，官階名。虞部司為尚書省工部四司之一，宋前期無職事，元豐改制后掌山林湖泊物產開采、獵取、廢置等事。相應的員外郎宋前期無職事，為文臣遷轉寄祿官階，元豐新制為職事官。
② 盧士宗，字公彥，濰州昌樂（今屬山東）人。舉五經，歷提點江西刑獄，仁宗時知審刑院。仁宗崩，神主祔廟，與禮官議不合，出知青州。英宗召對，論知人安民之要，勸帝守祖宗法，熙寧初以禮部侍郎致仕卒。士宗以儒者長刑名之學，故在刑部審刑，前後十數年，主於仁恕。事跡詳見《宋史》卷三三〇《盧士宗傳》。
③ 右僕射，階官名。宋承唐制，以同中書門下平章事為宰相，尚書左右僕射元豐改制前都是文臣遷轉官階，同為從二品，但右低於左。
④ 九聖，指伏羲、神農、黃帝、堯、舜、禹、文王、周公、孔子。晉葛洪《抱樸子·釋滯》：“九聖共成《易經》，足以彌綸陰陽。”
⑤ 《周官》又稱《周禮》，儒家經籍之一，敘述西周職官及政治、經濟制度，分《天官》、《地官》、《春官》、《夏官》、《秋官》、《冬官》六部分，相傳為周公所作，學者多認為撰成于戰國時期。《周官·春官·大卜》：“掌三易之法，一曰《連山》、二曰《歸藏》、三曰《周易》。”三易即古代占筮書之合稱，前兩部已亡佚，《周易》今存。

哉乾元,萬物資始乃統天,此人君所行之道爾。"安國對曰:"陛下乘天地之正,合日月之明,先天而天弗違。舜曰:'天之曆數在爾躬。'然則帝王與天地同德,乃乾元統天之事,豈非陛下所行之道乎?"

甲辰,講《易》"坤卦"。帝曰:"上六,龍戰於野,何也?"楊安國對曰:"譬之權臣擅命,作威作福,蔽君耳目,不得聰明,可移人心,可覆國家,苟辨之不早,必有龍戰之患也。"帝曰:"用六,何謂利永正(貞,避仁宗趙禎諱改)?"安國對曰:"乾之德大,故能以美利利天下;坤之德劣,故惟能以利永正。久而能正,則無一朝一夕之患,故曰以大終也。"

壬子,講《易》"需卦"。帝曰:"乾,天也,而在下;坎,水也,而在上。何也?"楊安國具以對。又講"位乎天位,以正中也"。帝曰:"以正中謂皇極①之道乎?"安國對曰:"九五②乃天子之位,以陽居尊而履中正,為一卦之主,猶陛下建皇極以御天下也。"

甲寅,講《易》"師卦"。字有與御名同音者,帝謂王洙曰:"此字何訓?"對曰:"訓正。"帝曰:"聖人文字,不須回(同"回")避,恐妨義理。"洙曰:"不敢。臣子於君父之名,臨文暫覯,不無悚懼(亦作"悚思"。恐懼;戒懼),須至回

---

① 皇極一詞多義,在此指帝王統治天下之準則,即大中至正之道。《尚書·洪范》曰:"皇極,皇建其有極。"孔穎達疏:"皇,大也;極,中也。施政教,治下民,當使大得其中,無有邪僻。"

② 九五,卦爻位名。九為陽爻;五為卦象自而上第五爻。《易·乾》:"九五,飛龍在天,利見大人。"孔穎達疏:"言九五,陽氣盛至於天,故云飛龍在天。此自然之象,猶若聖人有龍德、飛騰而居天位。後因以'九五'指天子之位。"

避。"帝曰:"但正言之。"

四月己卯,讀《前漢書·東方朔傳》,至武帝"微行(帝王易服出行或私訪)數出"。帝曰:"帝王每出,須中嚴、外辦①,何容易如此?"丁度對曰:"武帝以承平日久,藉文景之資,所以窮志極欲。"帝曰:"若安寧之時,常思危亡之誡,安有後悔。"又讀至籍提封②,為上林苑③,帝曰:"山澤之利,當與民共之度。"度對曰:"臣事陛下二十年,每奉德音,未嘗不憂勤天下,此陛下祖宗以來家法爾。"

乙酉,讀《後漢書·安帝紀》,史臣論推咎台衡(喻宰輔大臣。台,三台星;衡,玉衡,北斗杓三星。皆位於紫微宮帝座前的星宿),謂災癘(病疫;病災)策免三公。帝曰:"莫若罪已,以答天眚[shěng](即天災。古時天人感應之說認為自然災害和祥瑞是天對人表示譴責、褒獎)。"宋祁曰:"陛下之言,人君之至德也。"

十一月丁酉,講《易》"无妄卦"。帝曰:"无妄之疾,何云勿藥有喜?"楊安國對曰:"凡疾之所起,由有妄而來,九五居尊得位,為无妄之主。天下皆无妄,而偶有疾,非己所致,疾當自損,可勿藥而喜④也。若人主剛正自修,身無虛妄,而偶有災,若堯、湯水旱,非已所招,但順時修德,勿須治理,必欲除去,不煩勞天下,是有喜也。然堯遭洪

---

① 中嚴、外辦皆是警衛宮禁之儀。按,"辦"省園本、文淵閣四庫本、翁校本皆作"辨",當誤,今據文津閣四庫本、范祖禹《范太史集》卷二七《進故事》相同記事改。
② 提封,大凡之意。顏師古注稱:"提封,亦謂提舉四封之內,總計其數也。"王先謙《漢書補注》:"《廣雅》'提封,都凡也。'都凡者,猶今人言大凡,諸凡也。"
③ 按,《漢書·東方朔傳》原文為:"於是上以為道遠勞苦,又為百姓所患,乃使太中大夫吾丘壽王與待詔能用算者二人,舉籍阿城以南,盩厔以東,宜春以西,提封頃畝,及其賈直,欲除以為上林苑,屬之南山。"
④ 按,《長編》卷一六九作"有喜",據上文,此處疑脫一"有"字。

水,使鯀①、禹治之,雖知災未可息,且順民心。鯀功不成者,災未息也;禹能治水者,災欲盡也。是亦勿藥有喜之義也。今河水圮[pǐ](河水所毀稱圮)決,歷五十年,役天下兵民、耗天下財用未嘗息,大河之患亦未嘗復故道也。而兵民頓弊(困頓弊敗;敗壞),何啻(但,只)百千萬計;地財委盡,何啻億萬萬計。恐民不堪命,國力不繼。臣以為大河、犬戎②,自古為患,當如堯、舜務順民心,順時修德,其災自息。亦勿藥有喜也。"

壬寅,張揆讀後漢明德馬皇后③《紀》,至服大練(粗帛),抑止外家,因言:"今妃族太盛,不可不裁損,使保其家。"帝嘉納之。

三年(1051)三月戊辰,御邇英閣,講《易》至"山下有澤,損,君子以懲忿窒欲"。帝曰:"人之情欲皆生於陰陽,而節之在人。"楊安國對曰:"臣以為人有六情,喜、怒、哀、樂、好、惡;天有六氣,陰、陽、風、雨、晦、明。故人之生也,天命之謂性。而命,人之所稟以生也;性,人之所賦以分也。言情則性之移也,語欲則性之肆也。故六

---

① 鯀,相傳為大禹之父。居于崇(今河南嵩山一帶),稱有崇氏,又稱崇伯。堯時洪水氾濫,受四岳推薦治水,用築堤堵水之法,九年不成,被舜殛死于羽山(今江蘇贛榆西南)。

② 犬戎,古族名,西戎之一支,分布于山西、陝西一帶。周末犬戎聯合申侯攻殺周幽王于驪山下,周室被迫東遷。王國維考證犬戎亦即戰國時之匈奴。這里泛指遊牧民族。

③ 馬皇后,東漢扶風茂陵(今陝西興平東北)人,明帝皇后,馬援幼女。建武二十八年(52)選入太子劉莊宮,時年十三。明帝永平三年(60)立為皇后。馬皇后能誦《易》、好《春秋》、《周官》、《董仲舒書》。自撰《明帝起居注》。性謙恭節儉,不喜游娛,不信巫祝小醫。章帝立,尊為皇太后。曾以王莽篡漢為戒,勸阻章帝封爵諸舅。卒諡明德。事跡詳見《後漢書》卷一〇上《后妃第十》上。

情相溢，則喜生於風，怒生於雨，哀生於晦，樂生於明，好生於陽，惡生於陰。故聖人取‘損’象，以懲忿窒欲也。”帝然之。

四月辛丑，講《易》“鼎卦”。帝問：“九四之象，施之人事如何？”楊安國對曰：“鼎為烹餁［rèn］（同“飪”）成新之器，上承至尊，下又應初，上承下施，任重非據，故折足而覆餗［sù］（餗，鼎中食物。覆餗，謂傾覆鼎中的珍饌，意指力不勝任而敗事）矣。其猶任得其人，雖重而可勝，非其人，必有顛覆之患。”帝曰：“任人不可不慎也。”（此事《長編》繫於卷一七〇，皇祐三年四月庚子條，繫日與此不同）

乙巳，講“歸妹卦”。帝問楊安國陰陽爻位所處，安國具以對。帝顧謂安國等曰：“朕長於深宮，《易》旨微奧，每須詳問。卿等敷對時久，得無煩乎？”曾公亮對曰：“安國以所學備承聖問，豈敢言煩？”安國進曰：“臣寡學淺陋，無以上副聖問。”因降拜謝。帝曰：“賴卿等宿儒博學，多所發明，朕甚悅之，雖盛暑亦未嘗倦，但恐卿等勞耳。”丁度復進曰：“自古帝王臨御日久，非內惑聲色，則外窮兵黷武。陛下即位三十年，孜孜聖學，雖堯舜之聰明，不是過也。”（此事《長編》繫於卷一七〇，皇祐三年四月丁未條，繫日與此不同且文字簡略）

戊申，講“巽卦”，“隨風，巽，君子以申命行事”。楊安國言：“‘巽’為風，兩風相隨者，申命令之謂也。故‘先庚三日，後庚三日。’”[①]帝曰：“然風教，君德也。”安國對曰：

---

① 孔穎達疏：“申命令謂之庚。民迷固久，申不可卒，故先申之三日；令著之後，復申之三日，然後誅之。民服其罪，無怨而獲吉矣。”

"'乾卦'六爻,孔子備陳君德。"遂命安國講"乾"之九五。安國既講,乃言曰:"此帝王同天地之德也。"(此事諸書不載)

五月辛亥,楊安國講"兌卦",既畢,帝又命講"謙卦"。(此事他書不載)

壬子,安國講"渙卦",既畢,帝又命講"泰卦"。(此事他書不載)

癸丑,趙師民講"節卦",既畢,帝又命講"師卦"。①

九月辛酉,講"既濟卦"九五,"東鄰殺牛,不如西鄰之禴[yuè]祭(禴,同"礿"。礿祭,古代宗廟時祭名。在夏商時為春祭,在周代則為夏祭),實受其福。"王洙曰:"《禮》說東鄰謂紂,西鄰謂文王(見《禮記·訪記》);鄭②以'離'為牛,'坎'為豕。故東鄰殺牛,紂無德,不如西鄰之禴祭,文王有德,實受其福也。"楊安國進曰:"王、孔不取此義。王弼③云:'牛,祭之盛者;禴,祭之薄者。九五以既濟之時,物皆濟矣,將何為焉?祭祀之盛,莫盛修德,故黍稷非馨,明德惟馨。'孔穎達云:'九五履正居尊,動不為妄,修德者也。假有東鄰不能修德,雖殺牛至盛,不為鬼神所饗,不如西鄰祭薄,神明

---

① 文瑩《湘山野錄》卷中載其事為楊安國,"皇祐中,楊待制安國邇英閣講《周易》至'節卦',有'慎言語,節飲食'之句。楊以語朴,仁宗反問賈魏公曰:'慎何言語,節何飲食?'魏公從容進其說曰:'在君子言之,則出口之言皆慎,入口之食皆節;在王者言之,則命令為言語,燕樂為飲食。君天下者當慎命令,節燕樂。'上大喜。"

② 鄭即鄭玄(127-200),字康成,北海高密(今屬山東)人。經學大家,兼通經古今文。因黨錮事被禁錮,杜門不出,遍注群經,欲破古今文門戶之別,自成一家之言,遂集漢代經學之大成,世稱"鄭學"。所著《毛詩傳箋》《儀禮注》《禮記注》《周禮注》今存,收入《十三經注疏》。事跡詳見《後漢書》卷三五《鄭玄傳》。

③ 王弼(226-249),字輔嗣,魏陽高平(今山東鄒城西南)人。出身於經學世家,少有高名,通辯能言。與何晏、夏侯玄等同開玄學清談風氣,史稱"正始之音"。曾闡釋《老子》、《周易》、《論語》,將日趨衰微的兩漢經學,改造為偏重哲理的玄學。事跡詳見《三國志》卷二八《王弼傳》。

降福也。"帝曰："爻義既正,洙以《禮》說,亦可。"安國對曰："《周禮》二鄭①有異同之論,'石渠'有父子分爭之說②。"(此事他書不載)

庚午,講"極數知來之謂占"。帝曰："蓍策之數,亦大衍之數③也。大衍有揲蓍之體,有乾坤之策。"遂命王洙揲蓍,得坎之艮。令寫大衍一章,經注具疏。翌日進。帝又問龜筮(古時用龜甲及蓍草占卜吉凶)之事,令進《洪範·稽疑》④,經注具疏。

辛未,講讀,以翠芳亭橙實賜講筵官各一枚。

丙子,講"古之葬者,厚衣之,以薪葬之中野,不封不樹"(語在《易·繫辭下》)。帝曰："葬固宜儉。"楊安國對曰："五代周高祖⑤其葬最儉。"帝曰："周高祖遺命止用紙衣瓦棺,誠欲矯前代厚葬之失。"講讀退,傳宣："卿等侍對,時久頗倦,可於邇英後亭少憩止。"丁度等翌日稱謝。(此事他書不載)

---

① 二鄭,指鄭眾和鄭玄,經學家分別稱之為"先鄭"、"後鄭"。鄭眾(?-83),字仲師,河南開封(今屬河南)人。曾任大司農,兼通諸經,有名當時。事跡詳見《後漢書》卷三六《鄭眾傳》。

② 石渠閣,西漢皇室藏書之處,在長安未央宮殿北,劉向、劉歆父子先後校書於此。劉向參加過石渠閣會議,主今文經學,劉歆主張古文經學。

③ 《易·繫辭上》："大衍之數五十。"韓康伯注引王弼曰:演天地之數,所賴者五十也。孔穎達疏引京房云:五十者謂十日、十二辰、二十八宿也。後以大衍為五十之代稱。"

④ 《洪範·稽疑》部分介紹了當時國家計量決策的原理。君王決策之前要徵詢龜占者、筮占者、卿士、庶民四種人的意見,最後通過計算權重決定可否。

⑤ 周高祖,即郭威(904-954),字文仲,邢州堯山(今河北隆堯西)人,五代後周建立者,951-954年在位。先後仕後唐、後漢。後漢隱帝拜為樞密使,遭猜忌,家屬被殺,遂擁兵入朝,迎立新帝。后邊境告急,領兵北征契丹,至澶州被軍士擁立而還,改國號"周",史稱後周。在位期間廢除嚴刑峻法、改革弊政、倡導節儉、嚴懲貪官,使北方社會逐漸安定。事跡詳見《舊五代史》卷一一一至一一三《太祖紀》。

丁丑,講讀官參問聖躬畢,面詔當講讀臣僚,立侍敷對,餘皆賜坐侍於閣中。天聖以前,講讀官皆坐侍,自景祐以來皆立侍。至是,帝屢面諭以"經史義旨須詳悉詢說,卿等無乃煩倦否?"安國等進曰:"不敢。"至是有詔,遂為永制。翌日,丁度等奏謝。

十月癸未,詔丁度等,前、後《漢書》節義,令撰序及名。

甲申,丁度等請名曰"兩漢簡微"、"前史精要",詔以"前史精要"為名。(此事《長編》繫於卷一七一,皇祐三年十月甲申條)又詔撰邇英閣後殿名。

乙酉,丁度等請名曰"詢猷"、"隆儒"、"清宴",詔以"隆儒"為名。(《長編》卷一七一載:"乙酉,作隆儒殿,在邇英閣後")

丙申,詔楊安國等《五經正義》節解,令先撰序及名。

丁酉,安國等請名曰"五經義宗"、"精義樞要",詔以"五經精義"為名。

丁丑,帝飛白書"筆法"二字,賜講讀官各一軸。時趙師民謁告(即請假)歸青州(地名。今屬山東),命就賜之。皇祐以後,每歲重午節(又作"重五",即端午節),必賜飛白書扇。

十二月己亥,御延和殿,楊安國等上《五經精義序》,進讀畢,賜茶而退。入內都知①王守忠②傳旨:"《五經精義序》俟覽畢降出。"

辛丑,降付邇英閣。

---

① 入內都知,宦官所領署名,宋初置,景德三年併入入內內侍省,專職禁中供奉事。此外凡祭祀、朝會、皇帝外出、宴會時宦官都會分侍左右,或出使四方宣達上旨。

② 王守忠,宋仁宗朝宦官,為仁宗東宮舊人,深得信任。曾出為監軍。至和元年病篤,欲得節度使,為臺諫所阻,只授留後,旋卒。贈太尉、昭德節度使。事跡附於《長編》卷一七六,至和元年正月癸巳條。

卷　六

仁宗體天法道極功全德神文聖武濬哲明孝皇帝 下

皇祐四年(1052)三月丙辰，講《尚書》"嘉言罔攸伏(謂無所藏匿)，野無遺賢，萬邦咸寧"(語出《偽古文尚書·大禹謨》)。帝曰："此君所以戒臣下也。"楊安國對曰："臣聞古者君臣相接，面稱不為諂，廷諫不為謗，臣能以嘉言進君，君能舍己從人故。"帝曰："俞允若兹，又復敕臣下也。"講"益曰：'吁，戒哉。儆戒無虞，罔失法度。'"帝曰："是臣獻謨于君也。"安國對曰："益以戒舜，亦獻謨也。"講"水、火、金、木、土、穀，惟修。"帝曰："惟修者，明順其性也。"安國對曰："臣謹按，《洪範五行傳》①：'一曰水，其性智；二曰

---

① 《洪範五行傳》是《尚書·洪範》篇的詮釋著作，其作者有三說，或云伏生、或云劉向、或云夏侯始昌，一般認為是伏生所著《尚書大傳》的一部份。該書通篇充滿了具有神秘色彩的五行災異思想，首次把《洪範》中所說君王日常行為的五事"貌、言、視、聽、思"分別與五行"木、火、金、水、土"相配，並把自然災異現象歸劃為五類，分屬於木、火、金、水、土，又用"五行相克"的理論解釋災異現象發生的原因。

火,其性禮;三曰木,其性仁;四曰金,其性義;五曰土,其性信。此五者在天,則其氣流行;在地,則人所行用也。'《中庸》曰:'天命之謂性,率性之謂道,修道之謂教。'王者常循其性,行其道而修之,所謂修也。"講"正德、利用、厚生、惟和"。帝曰:"惟和者,不失其事也。"安國對曰:"人君常正身修德以御下,利節用儉以阜財(厚積財物;使財物豐厚),厚生敦本(注重根本,本農商末)以養民,此三者和,則不失其事也。"(此事他書不載)

戊辰,御邇英閣,內出攲[qī]器①一,陳於御坐前,諭丁度等曰:"朕思古攲器之法,試令工人制之,以示卿等。"帝命以水注之,中則正,滿則覆,虛則攲(古同敧,傾斜),率如《家語》(書名。即《孔子家語》)、《荀卿》(書名。即《荀子》)、《淮南》(書名。即《淮南子》)之說,其法度精妙,度等列侍觀之。帝曰:"日中則昃,月盈則虧,聖人有持滿戒慎之守。朕欲以中正臨天下,當與列辟(指公卿百官)共守此道。"度等拜曰:"臣等亦願以中正事陛下。"因言太宗時嘗作此器,眞宗製《攲器論》,演先儒之義以垂戒。帝曰:"然。"(此事《長編》附於卷一七二,皇祐四年四月庚辰條)

四月戊寅,御邇英閣,帝作《攲器論後述》一篇,以申存亡虧成之鑑,示講讀官,丁度等請宣布中外,使知聖心所存。帝曰:"但欲使卿等見之,不須宣布。"度曰:"臣等欲各傳本,以章(同"彰")榮遇。"帝曰:"可。便以此本賜卿等。"皆拜而受之。(此事見《長編》卷一七二,繫於庚辰條,此日為賜

---

① 攲器為一種容器,依其盛水多少,重心將發生變化,水少則傾,中則正,滿則覆。古時君主以此置於座右以為戒。

文之日,但文字簡略)

六月壬寅,御延和殿。侍講學士上《五經精義·周易節解》二十卷,因言:"《尚書·顧命》、《禮記·喪禮》、《春秋·家陪亂政》,舊所不講,今纂集"精義",所當去留,上繫宸旨(即君王旨意)。"帝曰:"先王吉凶之制,百代所遵,不可以俗忌而簡去。至於《春秋》喪亂之事,皆有善惡鑑戒,人主宜聞之,亦須存錄。先儒于經籍有一字之誤者,朕常不敢改易,但注以辨之,況正經之義,可輒芟[shān](本意為斬除雜草,引申為除去、刪去、消滅等義)去邪?"

九月甲寅,丁度等上張揆修寫《太元經》。(此事他書不載)

乙卯,詔召山南東道節度使(未賜軍額的節鎮使名。北宋京西南路節度州襄州,后升為襄陽府,無軍額,故稱為山南東道節度)、檢校太師(檢校官名,位列檢校官之首,表遷轉經歷和尊崇的地位)、同中書門下平章事①賈昌朝赴講筵。

丙辰,詔賈昌朝:"未有差遣(實任職事官,北宋前期實行官、職、差遣分離,官不任事,職為職名榮銜,實際上"治內外之事"的官為差遣),且令赴經筵,俟有差遣即不赴。"

己未,御邇英閣,命賈昌朝講"乾卦"。帝謂侍臣曰:"昌朝位將相,執經侍講,朝廷美事也。"翌日,昌朝又手疏:"'乾卦'大旨,在上一爻,夫爻在亢(極度)極,必有凶

---

① 同中書門下平章事,職事官名。其名稱歷代各異。宋承唐制,以同中書門下平章事為宰相,無定員,以丞郎以上至三師充任。首相兼昭文館大學士、監修國史,次相兼集賢殿大學士,如置三相,則分別兼昭文館大學士、集賢殿大學士與監修國史。神宗元豐改制力圖恢復三省體制,以尚書令佐貳左、右僕射為宰相,左僕射兼門下侍郎,執行侍中職務,右僕射兼中書侍郎,執行中書令職務。

災。不即言凶,而言'亢龍有悔'者,以悔中有可凶可吉之象,若修德以濟世,則免悔而獲吉也。"帝面賜手詔嘉獎,以所陳卦義付史館。(賈昌朝事,《長編》卷一七三記載合為一日,繫於皇祐四年九月乙卯條,記事於此互有詳略)

庚申,講《尚書·微子》篇,帝曰:"微子①、箕子、比干②,三人孰優?"楊安國以《論語》孔子之言對。是日詔:"賈昌朝已差判許州,令且在講筵,候朝辭(宋制凡大臣外任,皆有入朝辭別帝王之儀)訖不赴。"

乙丑,賈昌朝奏:"臣已治行李,非晚朝辭,乞更不赴講。"帝令:"且在講筵,候朝辭不赴。"

丙寅,講《尚書》"大賚[lài](給予、賜予)於四海,而萬姓悅服"(語出《偽古文尚書·武成》)。帝曰:"王者為政,必順民心。"楊安國對曰:"臣嘗聞,往者大河潰決,民室流亡過半,存者三四。陛下聖心震悼,出內帑[tǎng](指內藏庫財物,宋太宗時分左藏北庫置。掌收受每年財政盈餘,以備非常之用)千百萬以賙救之,民悅仁服德,至今頌聲作焉。"(此事他書不載)

己巳,講《尚書·洪範》"五事"(即貌、言、視、聽、思),帝曰:"王者之用五事,皆本於五行乎?"王洙對曰:"王者治五行,得其性,則五事皆善。故五事得,則有休證;五事

---

① 微子,即微子啓,又稱殷公,商帝乙之長子,紂同母庶兄,名啓。封于微(今山西潞城東北)。因見商代將亡,數諫紂王不聽,遂出走。周武王伐紂,其持祭器前往軍門,坦身反縛以告,武王釋之,并復其位。周公平"三監"后封于宋(今河南商丘),為宋國第一代國君。

② 比干又稱王子比干、干叔。商紂之諸父。任少師。紂淫亂暴虐,微子啓、箕子屢諫不聽,后微子逃亡,箕子裝瘋為奴,比干再直言諫紂,被殺剖心。周武王滅商,封其墓。

失，則有咎證。是以聖人克謹天戒，以修其身。"帝曰："人君奉天，在於修德。夙夜兢兢，戒慎於未形，尚恐不至，必俟天有譴告，然後修德，此豈畏天之道也。"

十月戊寅，詔俟講《尚書》畢講《周禮》，令侍講以下與賈昌朝先修"節解"以備講說。

十一月甲辰，講《尚書·無逸》。帝曰："朕深知享國之君，宜戒逸豫（即安樂）。"楊安國曰："舊有《無逸圖》，疏（分散陳列。按《長編》此處作"請列於屏間"）於屏間。"帝曰："朕不欲坐席背聖人之言，當書置之左方。"又命丁度取《孝經》之《天子》、《孝治》、《聖治》、《廣要道》四章對為右圖，因令王洙書《無逸》，蔡襄①書《孝經》，又命翰林學士承旨（差遣名、職事官名。掌內制，備皇帝諮詢顧問，如誥、制、赦書、國書等文書，皆當撰述之任）王拱辰②為二圖序，而襄書之。（此事《長編》卷一七三，以王、蔡二人書成上進之日繫於是年十二月甲午條）

申寅，御邇英閣，侍講學士上《五經精義·尚書節解》三十卷。

五年（1053）四月丁酉，御邇英閣，講《冏命》"侍御僕從，罔匪正人"。帝曰："君臣之際，必誠意相通而後治道

---

① 蔡襄（1012-1067），字君謨，仙遊（今屬福建）人。登天聖八年（1030）進士，累官知諫院，直史館，兼修起居注。論事無所回撓，進知制誥，每除授非當職，則封還之。以龍圖閣直學士知開封府，再知福州，任內注重文教，徙知泉州，后以端明殿學士移徙杭州，治平四年卒，年五十六。善書，為當時第一。詩文精湛，皆為妙品。事跡詳見《宋史》卷三二〇《蔡襄傳》。

② 王拱辰（1012-1085），字君貺，舊名拱壽，仁宗賜今名，開封府咸平（今河南通許）人。天聖八年進士第一，歷任將作監丞，同判懷州，知開封府，御史中丞，拜翰林學士兼龍圖閣直學士，權三司使，尚書禮部侍郎，進兵部尚書，終彰德軍節度使。在政治上趨於保守，慶曆變法中為反對派主要成員。事跡詳見《宋史》卷三一八《王拱辰傳》。

成。"楊安國對曰："陛下聰明文思,從諫弗咈(不違),如水之走下,視羣臣若僚友,自古盛王未之有也。"帝曰："臣下能進忠言,朕何惜夏禹之拜。"

癸卯,御邇英閣。侍講學士上《五經精義·禮記節解》九十卷。

九月戊寅,鑄鼎十有二,圜丘(古時祭天之所,一般位於都城南郊,形似圓,取天圓地方之義)用五,宗廟用七。又作鸞刀(古代名刀,刀環有鈴,祭祀時割牲用),郊①、廟各一。先是,賈昌朝侍經筵,帝問："鼎卦'聖人亨以享上帝',今郊何以無鼎?"昌朝不能對,曰："容臣退而講求。"於是詔禮官議,以為郊有亨(煮)牲進熟,遂命阮逸②、胡瑗③鑄銅鼎,制鸞刀。帝親書鼎名曰："牛鼎"、"羊鼎"、"豕鼎",皆署而刻之。牛鼎其容一斛,羊鼎五斗,豕鼎三斗。鸞刀亦親書刀名而署之,有司皆篆刻其下。至神宗④元豐元年(1078),詳定郊廟

---

① 郊,古時天子祭天大典,每年冬至日在圜丘舉行,祭祀昊天上帝,并以始祖配祭。因祭祀場所在都城郊外,故稱"郊"。

② 阮逸,字天隱,建州建陽(今屬福建)人。天聖五年(1027)進士,景祐初知杭州,上其所撰《樂論》十二篇,與胡瑗俱被召,同校鐘管十三律。康定初上《鐘律制議并圖》三卷,皇祐中更鑄太常鐘磬,召逸與近臣太常議祕閣,遂典樂事。後遷尚書屯田員外郎。事跡詳見《宋史翼》卷二三《儒林一·阮逸傳》。

③ 胡瑗(993-1059),字翼之,泰州如皋(今屬江蘇)人,祖籍安定,故學者稱為安定先生。以經術教授吳中,景祐初更定雅樂。范仲淹薦之,以白衣對崇政殿,授校書郎,以保寧節度推官教授湖州,弟子數百人,置經義治事二齋,諸生各就其志,以類群居。慶曆中興太學,下湖州取其法,著為令。后在太學,其學益眾。以太常博士致仕歸,嘉祐四年卒,年六十七。事跡詳見《宋史》卷四三二《胡瑗傳》。

④ 神宗即趙頊(1048-1085),北宋第六代皇帝,英宗子,廟號神宗,1067-1085年在位。治平三年(1066)立為太子,四年即位。時當北宋積弊已深,神宗勤勉,思有作為。熙寧二年(1069),任王安石為參知政事主持變法,意圖富強。拓邊西北,設立熙河路,但與遼交涉失敗,重訂邊界,棄地數百里。元豐三年(1080),又改革官制,改組官僚機構。屢攻西夏,皆敗歸,勞而無功。

奉祀禮文，所議圜丘用犢，不設羊、豕俎（祭祀時放祭品的禮器）及鼎。奏罷之。（此事《長編》卷一七五有載，但明言引自《帝學》）

壬辰，再御延和殿，侍讀學士上《前史精要·後漢書》三十卷。

十月甲寅，再御延和殿，侍講學士上《五經精義·春秋節解》八十卷。

至和元年（1054）八月壬子，召觀文殿大學士（職名。仁宗皇祐元年始置，宰相離任外調，帶此職名，以示恩寵，并有備皇帝顧問的名義）晏殊赴經筵，賜坐，机如宰相儀。

戊午，知制誥賈黯①言：「陛下日御邇英閣，召侍臣講讀經史，其咨訪之際，動關政體，而史臣不得預聞，臣竊惜之。欲乞令修起居注官（差遣官名。隸屬起居院，以記錄皇帝言動為職，所書皇帝言論行止等，修起居注以送史館備修"實錄"與"正史"）入侍閣中，事有可書，隨即記錄。」從之。賜坐于御座之西南。（此事《長編》繫於卷一七六，至和元年八月戊午條）其後，修起居注石揚休②言：「陛下有所宣諭咨訪，而臣坐遠不盡聞，慮記錄或有所遺。」乃命侍立於講讀官之末。（此事《長編》繫於卷一七九，三月丁卯條）

九月丙寅，王洙上《周禮禮器圖》。先是，洙講《周

---

① 賈黯（1022-1061），字直孺，鄧州穰縣（今河南鄧縣）人。慶曆六年（1046）進士第一。仁宗朝，累官左司郎中、權知開封府。少年備位諫官，敢於言事，然所言多屬人事，對朝廷弊政及國計民生少所建明。英宗即位，遷中書舍人，受詔撰《仁宗實錄》。官至給事中、權御史中丞。事跡詳見《宋史》卷三〇二《賈黯傳》。

② 石揚休（955-1057），字昌言，眉州眉山（今屬四川）人。少孤力學，年十八，州舉進士，四十三歲乃及第。累官刑部員外郎，知制誥。仁宗朝上書力請廣言路、尊儒術、防壅蔽、禁奢侈，其言皆有益于國，時人稱之。為人純素忠謹，以律度自居，望之儼然，即之恂恂其溫。嘉祐二年卒，年六十三。事跡詳見《宋史》卷二九九《石揚休傳》。

禮》，帝命畫車服、冠冕、籩[biān]豆、簠簋[fǔ guǐ]（四種皆是古代祭祀和宴飲時用的盛食器，以木、竹、陶或青銅鑄成）之制，及圖成，上之。

己巳，講《周禮》“大荒大札（瘟疫），則薄征緩刑”。楊安國曰：“所謂緩刑者，乃為過誤之民，當歲歉則貰[shì]（寬縱，赦免）之，閔其窮也。今眾持兵仗，劫粮廩，一切寬之，恐不足以禁姦。”帝曰：“不然，天下皆吾赤子也。一遇饑饉，州縣不能存恤，餓殍所迫，遂至為盜，又捕而殺之，不亦甚乎！”

臣祖禹曰：《書》曰：“大哉王言”，又曰：“一哉王心”。仁宗皇帝之言可謂大矣，視天下皆吾赤子，仁宗皇帝之心可謂一矣，造次（須臾；片刻）不違於仁。

壬申，王洙講《周禮》，至“三年大比，則大攷州里，以贊（選拔）鄉大夫（周代官名，鄉行政長官。《周禮·地官》稱“鄉大夫每鄉卿一人”，“各掌其鄉之政教禁令”）廢興”。帝曰：“古者選士，三歲最為酌中。今四五歲始一詔下，得無重抑多士（指眾多的賢士。也指百官）乎？不若裁減取人之數，稍進古制，精於考擇，則天下無遺滯之才矣。”

二年（1055）二月，詔：“龍圖閣直學士兼侍讀張昇①年高，免進讀，止令侍經筵以備顧問。”（此事《長編》繫於卷一七八，二月乙未條）

三月乙丑，御邇英閣，盧士宗講《周禮》“眠褽[jìn]”（眠

---

① 張昇（992-1077），字杲卿，韓城人（今屬陝西）。大中祥符八年（1015）舉進士，王曾稱其有公輔器，至和二年（1055）拜御史中丞，指陳時事無所避，嘉祐中拜參知政事兼樞密使。昇愛惜官資，凡內降所與，多持不下。后以太子太師致仕。熙寧十年卒，年八十六。事跡詳見《宋史》卷三一八《張昇傳》。

即視。眡祲為古官名,掌望氣預言災祥之事)。帝曰:"妖祥之興,皆由人事召之。君人者必在修德以承天意。"

己卯,講《周禮》"大罍[léi]"(古代盛酒之器)。王洙曰:"祠天地之器,以質信為本。"帝曰:"曹操①不事質信而多詐忌,何以事上帝乎?"洙曰:"天地之德,非至誠之道,至質之器,何以動之?"張揆讀《後漢書》"應劭②議刑",揆曰:"當漢獻帝③亂世,有司猶能守法,今天下奏獄,或違法出罪,負冤不伸。水旱之災,未必不由此也。"帝曰:"祖宗以來,多用中典(寬嚴適中、可以常行的法典),奏讞[yàn]④者徃徃貸之,豈欲刑罰之濫乎?"

丙戌,王洙講《周官》"典瑞","共含玉"(古喪禮以珠玉貝米之類納于死者口中,天子以玉,故稱含玉)。帝曰:"若使人用此而骨不朽,豈如功名之不朽哉!"

---

① 曹操(155-220),字孟德,東漢末沛國譙縣(今安徽亳州)人。曹嵩之子。少機警,任俠放蕩,不治行業。年二十,舉孝廉為郎,後任騎都尉,參與鎮壓黃巾軍。董卓擅權,散家財起兵,與袁紹共討董卓。由初平三年(192)據兗州起,連敗袁術、陶謙、呂布。建安元年(196),迎漢獻帝至許(今河南許昌東),自為司空,總朝政。數年征戰統一北方,以魏王爵卒。其子稱帝后,追尊為魏武帝。

② 應劭,字仲遠,東漢汝南南頓(今河南項城西)人。博覽多聞,漢靈帝初舉孝廉,辟車騎將軍,中平六年(189)遷泰山太守,鎮壓當地黃巾軍。后棄郡投袁紹,卒于邺。一生著作頗豐,有《漢官禮儀故事》、《風俗通》、《漢書集解音義》。事跡詳見《後漢書》卷七八《應劭傳》。

③ 漢獻帝(181-234),即劉協,靈帝子。中平六年(189)九月被董卓立為帝,初平元年(190)被迫遷都長安,董卓及其部將李催、郭汜等相繼專擅朝政。建安元年(196)曹操迎居許(今河南許昌東),從此朝政歸曹氏。在位期間,各地割據勢力連年混戰,東漢政權名存實亡。延康元年(220)曹丕代漢稱帝,被廢為山陽公,東漢亡。

④ 奏讞是對疑難重要案件,奏請朝廷復審。宋代規定州縣有疑獄許奏讞,由大理寺判決,刑部詳議,上報中書,由皇帝定案。

十月丁未，孫抃[biàn]①讀《史記·龜策傳》，帝曰："古人謀議動作，必由此乎？"抃曰："古人凡有大疑，既決之於己，又詢之於衆，猶謂不有天命乎？於是命龜以斷其吉凶，所謂謀及乃心，謀及卿士，謀及庶人，謀及卜筮。蓋聖人貴誠，不專人謀，默與神契，然後為得也。"帝然之。

壬子，講《周禮》"祭祀割羊牲，登其首（類似梟首，指高掛羊頭，以祭拜天地和祖先）"。王洙曰："祭陽以其首，首主陽也；祭陰以其血，血主陰也。神明不測，故但以類而求之。"帝曰："然天地簡易，非至誠，其能應乎！"又講《左氏傳》"鄭人鑄刑書"，洙曰："子產②以鄭國之法，鑄之於鼎，欲使民知犯某罪，有某罰也。"帝曰："使民知法，而亂可止，不若不知而自化也。"

十一月丙寅，李淑讀《太史公傳》。帝謂淑曰："太史公欲行其道而不果，身不免於禍，深可悲也。顧其是非不謬於聖人，眞良史之才矣。"

六年（至和年號僅用不足三年，此為嘉祐六年，1061）三月乙酉，御崇政殿，召輔臣觀御書兗州③至聖文宣王廟榜。

---

① 孫抃（996–1064），字夢得，眉州眉山（今屬四川）人。天聖八年（1030）登進士。皇祐中，權御史中丞，數言事，不為矯激，嘉祐五年（1060）除樞密副使，官至參知政事。治平元年卒，年六十九。事跡詳見《宋史》卷二九二《孫抃傳》。

② 子產（？–前552），春秋時鄭國人。魯襄公十九年（前555）立為卿，任少正。二十五年與子展攻破陳都，任執政。面對鄭國"國小而逼，族大寵多"的局面，他銳意改革，公開法律，反對祀禳，終得民眾信任。其言行多為孔子所稱道。

③ 兗州為古九州之一，《周禮·職方》："河東曰兗州。"西漢武帝元封五年（前106）置，約當今山東西南部及河南東部，宋代轄境相當於今山東濟寧、金鄉、漁臺、泗水、萊蕪、泰安、曲阜、鄒城、寧陽、汶上等地。此指兗州曲阜。

　　龍圖閣直學士兼侍講錢象先①善講說，語約而義明，帝間有顧問，必依經以對，因諷諭政事，遂及時務，有啓迪獻納之益。前後留侍十五年，特被恩禮，每乞外官輒不許，既去必見思而復召。故事，講官分日迭進。象先已得請知蔡州（今河南汝南），帝以象先行有日，令獨徹所講秩。於是同列罷進者十日。（此事《長編》繫於卷一九六，嘉祐七年三月庚申條）

　　帝嘗詔講官，"凡經傳所載逆亂之事，皆直言毋諱"。侍講呂公著②講《春秋》，因言："弒逆之事，皆臣子之所不忍言，而仲尼書之《春秋》者，所以深戒後世人君，欲其防微杜漸，居安慮危，使君臣父子之道素明，長幼嫡庶之分早定，則亂臣賊子無所萌其姦心。故《易》曰'履霜堅冰至'，由辨之不早辨也。"

　　臣祖禹曰：古之人君，好學者有之矣，未有終身好之而不厭者也。仁宗皇帝在位四十二年，以堯舜為師法，待儒臣以賓友，邇英講學，游心聖道，終身未嘗少倦③。是以一言一動，仁及四海，如天運於上而萬物各遂其生於下，其本由於學故也。《詩》曰："上天之載，無聲無臭。儀刑文

---

① 錢象先（996-1076），字資元，蘇州（今屬江蘇）人。天禧二年（1018）進士，歷龍圖閣直學士，長於經術。侍邇英十餘年，有所顧問，必依經以對。仁宗禮遇甚渥，屢為刑官，條令多所裁定，以吏部侍郎致仕。熙寧九年卒，年八十一。事跡詳見《宋史》卷三三〇《錢象先傳》。

② 呂公著（1018-1089），字晦叔，壽州（今安徽鳳臺）人。呂夷簡子。慶曆進士。仁宗朝官至天章閣制兼侍讀。治平中因諫英宗勿追崇濮王，出知蔡州。神宗即位，召還，累遷御史中丞。反對推行青苗法，罷知潁州，提舉崇福宮。熙寧末起知河陽，元豐中拜同知樞密院事，又出知定州、揚州。哲宗立，與司馬光共為宰相，廢除新法。卒贈申國公。事跡詳見《宋史》卷三三六《呂公著傳》。

③ 按，此句省圜本、翁校本皆作"未少嘗倦"，今從四庫本。

王，萬邦作孚。"（句出《詩經·文王》）言天德不可得而至也。欲法天者，惟法文王而已，法文王則可以至天德矣。臣願陛下欲法堯舜，惟法仁宗而已，法仁宗，則可以至天德矣。

卷 七

英宗體乾膺曆隆功盛德憲文肅武睿神宣孝皇帝
神宗英文烈武聖孝皇帝 上

英宗體乾膺曆隆功盛德憲文肅武睿神宣孝皇帝①, 初
在睦親宅②, 閉門讀書, 終日未嘗燕遊慢戲, 服御儉素如儒
者。吳王宮教授吳充③進《宗室六箴》, 一曰視, 二曰聽, 三

---

① 即趙曙(1032-1067), 1063-1067年在位, 廟號英宗。宋真宗弟商王趙元份之孫,
濮安懿王趙允讓第十三子。仁宗嘉祐七年(1062)立為皇子, 八年即位。初, 因病
由曹太后垂簾聽政, 治平元年(1064)五月病愈親政。英宗英年早逝, 在位期間大
事惟尊崇其生父引發的"濮議", 宋夏邊境摩擦, 命司馬光編撰《資治通鑒》為
大事。
② 睦親宅, 宋仁宗景祐二年(1035)建, 供太祖、太宗諸王子孫居住, 先設專官管理, 熙
寧三年(1070), 以其事歸宗正寺。
③ 吳充(1021-1080), 字沖卿, 建州浦城(今福建浦城)人。吳育弟。未冠, 舉寶元元
年(1038)進士高第, 調穀熟主簿, 入為國子監直講、吳王宮教授。歷知州、轉運使。
英宗立, 權鹽鐵副使。熙寧元年(1068), 知制誥。八年, 代王安石為同中書門下平
章。雖與王安石連姻而不同意其變法, 曾請召還司馬光等人。元豐三年(1080),
罷為觀文殿大學士、西太一宮使。事跡詳見《宋史》卷三一二《吳充傳》。

曰好,四曰學,五曰進德,六曰崇儉。仁宗以付大宗正司①,帝書之屏風,常視以自戒。及為皇子,召本宮教授周孟陽②為辭奏。孟陽有所勸諭,即謝孟陽而拜。嘉祐七年(1062),遷入內,行李蕭然,無異寒士,有書數厨(同櫥)而已,中外聞之相賀。八年(1063)四月即位。十月,輔臣請如乾興故事(指仁宗即位之初事),雙日召侍臣講讀。帝曰:"當俟祔[fù]廟(祔祭後死者于先祖之廟)畢,擇日開經筵。"

　　十二月己巳,始御邇英閣,召侍讀、侍講講讀經史。講《論語》"學而時習之"。侍講呂公著曰:"《說命》曰:'王人(即君主)求多聞,時惟建事,學於古訓乃有獲。'然則人君之學,當觀自古聖賢之君,如堯、舜、禹、湯、文、武之所用心,以求治天下國家之要道,非若博士諸生治章句、解訓詁③而已。"又講"有朋自遠方來④,不亦樂乎"。公著言:"自天子至於庶人,皆須朋友講習。然士之學者,以得朋為難,故有朋自遠方來,則以為樂。至於王人之學,則力可以致當世之賢者,使之日夕燕見(臣下在內廷朝見皇帝),講勸於左右。又以左右之賢為未足,於是乎訪諸巖穴(指

---

① 大宗正司,官署名,景祐三年(1036)置。掌糾合宗室族屬加以訓導,接受族屬詞訟糾其違失,有罪即劾奏,法例不能決者奏請裁決。

② 周孟陽,字春卿,其先成都(今屬四川)人,徙海陵(今江蘇泰州)。第進士。仁宗時為潭王宮教授,諸王戶記室。英宗時加直秘閣同知太常禮院,遷集賢殿修撰,同判太常寺兼侍讀。神宗時拜天章閣侍制,卒年六十九。事跡詳見《宋史》卷三二二《周孟陽傳》。

③ 訓詁,用通俗的語言解釋詞義叫"訓",用當代的話解釋古代的語言叫"詁",訓詁即解釋古書中字、詞、句的意義。

④ 按,省園本作"友朋自遠方來"。唐陸德明《經典釋文》稱:"'有',或作'友',非",如此則舊本《論語》有作"友"者,省園本所記尚不算錯誤。不過就《論語》本身文本來說,歷代學者基本都持陸德明看法,四庫本、翁校本也已改為"有",今從。

山居之隱士）,求諸滯淹（指沉抑於下而不得升進之人）,則懷道抱德之士,皆不遠千里而至。此天子之'有朋自遠方來'者也,其樂亦大矣。"又講"人不知而不慍,不亦君子乎"。公著言:"在下而不見知於上者多矣,然在上者亦有未見知於下者也。故古之人君,政令有未孚,人心有未服,則反身修德,而不以慍怒加之。如舜之'誕敷文德'（廣泛施以禮樂教化進行統治。語出《偽古文尚書·大禹謨》）,文王之'皇自敬德'（更加注重自己的行為德行。"皇"字熹平石經作"兄",同"況",即益、更加之意。語出《今文尚書·無逸》）是也。"（此事《長編》繫於卷一九九,十二月己巳條。按,《長編》多劉敞讀《史記》一段）

治平元年（1064）四月甲申,御邇英閣。前此,帝諭內侍任守忠①曰:"方日永,講讀官久侍對未食,必勞倦。自今視事畢,不俟進食,即御經筵。"故事,講讀畢,拜而退,帝命毋拜,後遂以為常。

講《論語》"宰予②晝寢"。呂公著曰:"舊說宰予晝寢,寐也。侍讀學士臣敞③以為,《禮》'君子晝不居於內,

---

① 任守忠,字稷臣,蔭入內黃門,累遷入內都知。宋仁宗未有嗣,屬意英宗,守忠居中建議,欲援立昏弱以徼大利。及英宗即位,拜宣慶使、安靜軍留後。司馬光論其離間兩宮之罪,乞斬之。貶保信軍節度副使、蘄州安置。後起為左武衛將軍,致仕,卒,年七十九。事跡詳見《宋史》卷四六八《宦者三·任守忠傳》。

② 宰予（前522-前458）,字子我,亦稱宰我,春秋末魯國人,孔子著名弟子,"孔門十哲"之一。能言善辯,與子貢同以長於辭令著稱。曾從孔子周遊列國,受孔子派遣,使于齊國、楚國。曾因認為三年之喪過長,被孔子斥為不仁,又因晝寢,被斥為"朽木不可雕"。

③ 即劉敞（1019-1068）,字原父,號公是,臨江新喻（今江西新餘）人。慶曆進士。歷吏部南曹、知制誥等。出知揚州,徙鄆州兼京東西路安撫使。旋召還,糾察在京刑獄及修玉牒,因言事與臺諫官異而遭攻擊,自請出知永興軍,歲餘因病召還。在朝敢言事,為官所至有治績。長於《春秋》學,不拘傳注,開宋人評議漢儒先聲。事跡詳見《宋史》卷三一九《劉敞傳》。

夜不居於外'。宰予晝居於寢,故孔子非之。"

　　帝自即位感疾,至是猶未全安,多不喜進藥。呂公著
講《論語》"子之所慎,齊、戰、疾"。因言:"有天下者,為
天地、宗廟、社稷之主,其於齋戒祭祀必致誠盡敬,不可不
慎。古之人君,一怒則伏尸流血,則於興師動眾不可不
慎。至於人之疾病,常在乎飲食起居之間,眾人所忽,聖
人所慎。況於人君任大守重,固當節嗜欲、遠聲色、近醫
藥,為宗社自愛①,不可不慎。"帝納其言,為之俛(同"俯")
首而動容。自是,每因講進戒,帝必肅然。

　　講《論語》"九人而已"②。呂公著曰:"舊說其一人謂
文母(即大姒,禹後有莘姒氏之女,周文王之妃,武王母)。侍讀學士臣
敞以為,子無臣母之理,'有婦人焉'蓋邑姜(周武王妻,成王、
唐叔虞之母)也。自古有道之君,必求賢妃貞女以為內助,朝
夕警戒,然後可以成德。故《詩》美后妃能輔佐君子,
《易》稱家道正而天下定矣。"

　　講"卑宮室"。公著曰:"昔周宣王初即位,更為儉宮
室,小宗廟,而致中興之功。後世人君多務盛宮闕之制,
窮土木之工,欲以夸四方而示後人。輔弼之臣,雖蕭何③、

────────

① 按,此字諸本皆作"受",《長編》卷二〇一,《太平治跡統類》卷一一所記此事皆作
　"愛",當是,今據改。
② 《論語·泰伯》:"舜有臣五人而天下治。武王曰:'予有亂臣(治亂之臣)十人。'孔
　子曰:'才難,不其然乎?唐、虞之際,于斯為盛。有婦人焉,九人而已。三分天下
　有其二,以服事殷。周之德,其可謂至德也已矣。'"
③ 蕭何(?-前193),泗水沛(今屬江蘇)人。曾為沛縣主吏。秦末輔佐劉邦起兵反
　秦。隨劉邦軍入咸陽,收秦宰相、御史所藏律令圖書,以此掌握全國山川險要、郡
　縣戶口。劉邦為漢王時,任丞相,留守關中,輸送士卒糧餉,支援作戰。漢朝建立
　後,論功第一,封酇侯,朝廷律令典制,大多為其制定。高帝死,復事惠帝,臨終薦
　曹參為相。事跡詳見《史記》卷五三《蕭相國世家》。

謝安^①猶不免此惑。殊不知夏禹、周宣恭儉之德，可以垂美於萬世也。”

帝因輔臣奏事，語及呂公著。歐陽修曰：“公著為人恬靜而有文。”帝曰：“比於經筵，講解甚善。”（以上數事《長編》卷二〇一，治平元年四月甲申條惟載經筵禮儀、“子之所慎”及歐陽修語，餘則為他書所未載）

六月己亥，詔曰：“雖王子之親，其必由學；惟聖人之道，故能立身。若昔大猷（大道，治國之禮法），自家刑（通“型”。法式，典範，榜樣）國（此句為必齊家而後能治國之意）。今一祖之後、諸宗之支，亦嘗著令於前，命官以訓。或兼職他邸，或備位（聊以充數，徒占其位）終年，誘導之宜，滅裂無狀。蓋命不持固，事遂因循。特詔近臣，並薦能者，使成童（古十五歲為成童）而上，講誦經書；小學之居，通達名數。朝夕勸善，日月計能。固當漸漬簡編，敦修志業。與其趨異端而無守，豈若就有道而自修。居常謹思，戒在中止（半途而廢）。其子弟不率教約，俾教授官、本位尊長具名申大宗正司，量行戒責。教授官不職，不能勉勵，大宗正司察訪以聞。”（此文見《宋代詔令集》卷一九四《增宗學官仍令尊長率勵詔》、《宋會要輯稿》帝系四，此處文字有刪減）初，帝以宗室自率府副率^②以上八百餘

---

① 謝安（320–385），字安石，梁國陽夏（今河南太康）人。北方高族，永嘉之亂南渡。少有盛名，屢辭司徒王導之辟，昇平元年（360），始任征西大將軍桓溫司馬。後為尚書僕射，領吏部，加後將軍。桓溫死，為中書監、錄尚書事。元康八年（383），前秦苻堅大舉南下，任征討大都督，遣弟石、兄子玄迎敵，取得淝水大捷。後因會稽王司馬道子專權，出鎮於外。後回京，卒。事跡詳見《晉書》卷七九《謝安傳》。

② 率府為古官署名。秦設，漢因之。晉有五率府，南北朝及隋迭有因革，至唐乃有十率府。皆太子屬官，掌東宮兵仗、儀衛及門禁、徼巡、斥候等事。此所謂率府副率為太子左、右衛率府率、副率，太子左、右司御率府率、副率，太子左、右清道率府率、副率，太子左、右監門率府率、副率，太子左、右內率府率、副率，皆為宗室子弟充任，領俸祿而已。率府率從七品，副率從八品。

人，其奉朝請①者四百餘人，而教學之官六員而已，因命增置。凡皇族年三十以上者百十三人②，置講書四員；年十五以上者三百九人，增置教授五員；年十四以下者，別置小學教授十二員。并舊六員，為二十七員，以分教之。帝謂韓琦③等曰：“凡事之行，患於漸久而怠廢，況為學之道，尤戒中止。諸宗室之幼者，仍須本位尊長常加率勵，庶不懈惰。可召舍人諭此意，作詔戒勉之。”故有是詔。

丙午，詔曰：“朕嗣守丕業，率循舊章。惟皇屬之敦和，命宗臣而董正，累聖承繼，百年盛隆，宗社慶靈，本支蕃衍。念其性本於仁厚，宜廣學以勤修；顧其日益於衆多，必增員而統理。外已詔於儒學，各選經師；內仍擇於親賢，共司屬籍。庶乎協贊其職，並修厥官。糾乃非違，以正為率，勉夫怠惰，惟善是從。”（此詔見《宋大詔令集》卷一六二《置同知大宗正司官詔》，時間繫於治平元年六月丁未，此處文字有刪減）帝既命增置宗室學官，以謂宗室數倍於前，而宗正司事亦滋多，乃增置同知大宗正事一員，以宗惠④為之，而降是詔。（此事《長編》附於卷二〇二，六月丁未條，但未載詔書）

---

① 奉朝請，古代諸侯春季朝見天子叫朝，秋季朝見為請，定期參加朝會即為奉朝請。此指宗室自親王以下有資格赴朝立班者，無職事，領俸祿而已。

② 按，《長編》作“百三十人”，其它宋代史籍記錄作“百十三”、“百三十”皆有。

③ 韓琦（1008-1075），字稚圭，自號贛叟，相州安陽（今屬河南）人。天聖進士。累遷右司諫，言事多為時論所稱。寶元三年（1040），任陝西安撫使，後改陝西四路經略安撫招討使，與范仲淹等主持與西夏戰事。三年，受詔入朝任樞密副使，支持“慶曆新政”。新政失敗，出知外郡。嘉祐元年（1056），入朝為樞密使，三年，拜相。宋英宗立，進右僕射、封魏國公。宋神宗時拜司空兼侍中，反對變法，晚年出判永興軍、相州、大名府等地。事跡詳見《宋史》卷三一二《韓琦傳》。

④ 趙宗惠，宋朝宗室，漢恭憲王趙元佐之孫，平陽郡王趙允升之子。封魏國公，尋以旁支黜。終武昌軍節度觀察留後、江夏郡王，卒贈鄆王。

　　九月，詔以五日開邇英閣，至重陽節當罷。侍講呂公著、司馬光①言："陛下始初清明，宜親近儒雅，講求治術。願不惜頃刻之閒，日御經筵。"從之。（此事《長編》附於卷二〇二，治平元年九月，記事較此為詳）

　　帝御邇英閣，未嘗發言有所詢問。二年（1065）十月，侍講司馬光上言："臣聞《易》曰：'君子學以聚之，問以辨之'。《論語》曰：'疑思問'。《中庸》曰：'有弗問，問之弗得弗措也②；有弗辨，辨之弗明弗措也。'以此言之，學非問辨，無由發明。今陛下若皆默而識之，不加詢訪，雖為臣等疏淺之幸，竊恐無以宣暢經旨，裨助聖性。望陛下自今講筵，或有臣等講解未盡之處，乞賜詰問。或慮一時記憶不能詳備者，許令退歸討論，次日別具劄子敷奏。庶幾可以輔稽古之志，成日新之益。"帝嘉納之。（此事司馬光《溫國文正司馬公文集》卷三五《乞經筵訪問劄子》為奏章全文）

　　壬子，龍圖閣直學士兼侍講盧士宗知青州。士宗在侍從逾十五年，因對乞補外。入辭，帝謂曰："學士忠純之操，朕固素知，豈當久處外邪？"且命再對。（此事《長編》繫於

---

①　司馬光（1019-1086），字君實，陝州夏縣（今屬山西）人。寶元進士，授武成軍簽署判官。以薦召試，除館閣校勘，同知禮院。歷天章閣待制兼侍講、知諫院，英宗朝進龍圖閣直學士、判吏部流內銓。神宗即位，擢翰林學士，除權御史中丞。反對王安石變法，出知永興軍，旋退居洛陽十五年編撰《資治通鑒》。哲宗即位，太皇太后高氏臨朝，司馬光以舊黨領袖拜相主持朝政，盡罷新法，不久亦病卒。事跡詳見《宋史》卷三三六《司馬光傳》。

②　按，《中庸》原文為："有弗學，學之弗能弗措也；有弗問，問之弗知弗措也；有弗思，思之弗得弗措也；有弗辨，辨之弗明弗措也；有弗行，行之弗篤弗措也。"省閣本此句原作"問之弗得弗措也"，查司馬光《溫國文正司馬公文集》卷三五《乞經筵訪問劄子》即作"得"，《長編》、《太平治跡統類》轉引此事亦同，當是司馬光原文如此。四庫本、翁校本據《中庸》改"得"為"知"，今據司馬光原文改回。

卷二〇六,十月壬子條,且略載盧士宗再對上言内容)

三年(1066)四月辛丑,命龍圖閣直學士兼侍講司馬光編集《歷代君臣事迹》。於是,光奏曰:"臣自少以來,略涉羣史。竊見紀傳之體,文字煩多,雖以衡門專學之士(指隱居治學之人),往往讀之不能周浹(完備而深入),況於帝王日有萬幾,必欲徧知前世得失,誠為未易。竊不自揆[kuí](揣度,揣測),常欲上自戰國,下訖五代,正史之外,旁采它書,凡關國家之興衰,繫生民之休戚,善可為法,惡可為戒,王者所宜知者,略依《左氏春秋傳》體為編年一書,名曰《通志》。其餘浮冗之文,悉刪去不載,庶幾聽覽不勞,而聞見甚博。私家區區,力不能辦,徒有其志久而無成。鄉曾以戰國時八卷上進,幸蒙賜覽。今所奉詔旨,未審令臣續成此書,或別有編集?若續此書,欲乞亦以《通志》為名。其書上下貫穿千有餘載,固非愚臣所能獨修。伏見韶州(今廣東韶關)翁源(今屬廣東)縣令劉恕①、將作監主簿(階官名。宋初無職事,為文官寄祿官階,熙寧四年十月始復將作監職事,專領在京修造事)趙君錫②,皆有史學,為眾所推,欲望差此二人與臣同修,庶早成書。"詔從之。而令接所進書八卷編集,俟書成

---

① 劉恕(1032-1078),字道原(一作道源),筠州(今江西高安)人。舉進士。博極群書,尤精史學,司馬光編《資治通鑒》召為局僚。與王安石有舊,欲引置三司條例,辭不就。嘗面刺安石之過,抗言無所避。因與變法派不和,求監南康軍酒以就養,後遷秘書丞,卒於官。事跡詳見《宋史》卷二〇三《文苑六·劉恕傳》。

② 趙君錫,字無愧,趙良規子,洛陽(今屬河南)人。性至孝。母亡,事父良規不違左右。良規沒,調知武強縣。後從韓琦大名幕府。元祐初,遷司勳右司郎中、太常少卿,擢給事中。論蔡確、章惇有罪,不宜復職。其素有志行,後隨人低昂,初稱蘇軾之賢,後隨賈易詆軾,為高太后所斥。紹聖中,貶少府少監,分司南京,卒,年七十二。事跡詳見《宋史》卷二八七《趙君錫傳》。

取旨賜名。其後君錫父喪,不赴,命太常博士、國子監直講劉攽[bān]①代之。

六月壬子,改清居殿曰"欽明",召直龍圖閣王廣淵②書《洪範》於屏。帝謂廣淵曰:"先帝臨御四十年,天下承平,得以無為。朕方屬多事,豈敢自逸?故改此殿名。"因訪廣淵先儒論《洪範》得失,廣淵對以張景③所得最深。以景論七篇進。明日,復召對延和殿,帝曰:"景所說過先儒遠矣,以三德(《尚書·洪範》:"三德,一曰正直,二曰剛克,三曰柔克")為馭臣之柄,尤為善論。朕遇臣下常務謙柔,聽納之間,則自以剛斷。此屏置之坐右,豈特《無逸》之戒也。"

臣祖禹曰:英宗皇帝潛德藩邸,修身好學,故仁宗以知子之明付畀[bì](給予)大業。及即位,首勸宗室以學。蓋帝以身先之,知學之益,不學之損也。又諭輔臣:"凡學之道,戒在中止。"聖訓豈不大哉。

神宗英文烈武聖孝皇帝嘉祐八年(1063)五月,始聽講

---

① 劉攽(1023-1089),字貢父,號公非,臨江軍新喻(今屬江西)人,劉敞弟。慶曆六年(1046)進士,仁宗、英宗兩朝歷州縣官二十年。入為國子監直講,遷館閣校勘。熙寧初同知太常禮院,因反對新法出為地方官。坐任京東轉運使時職事廢弛,黜監衡州鹽倉。元祐時起為中書舍人。精于史學,曾助司馬光修《資治通鑒》,分擔漢代部分。事跡詳見《宋史》卷三一九《劉攽傳》。

② 王廣淵(1026-1085),字才叔,大名成安(今屬河北)人。仁宗朝進士,為大理法直官,遷殿中丞,編排中書戶房公事。治平間,為英宗所親信,除直集賢院,為群牧判官、三司戶部判官,加直龍圖閣。神宗即位,出知齊州,改京東轉運使,在任力行新法。徙河東轉運使,後改任西北延邊知州、經略安撫使。事跡詳見《宋史》卷三二九《王廣淵傳》。

③ 張景(971-1019),字晦之,江陵公安(今屬湖北)人。少從柳開遊,得其藏書。真宗詔有司徵天下士,景名在第四,歷房州文學參軍,知昭信縣,後攝理真州事。天禧二年卒,年四十九。事跡詳見宋祁《景文集》卷五九《張公墓誌銘》。

讀於東宮(宋神宗生於 1048 年,時年當十五)。天資好學,尋繹請問,有至日昃,内侍言恐饑當食,上曰:"聽讀方樂,豈覺饑耶?"英宗以上讀書太多,嘗遣内侍止之。當講讀,正衣冠拱手,雖大暑未嘗使人揮扇。待宮僚有禮,伴讀王陶①入侍,上率弟顥②拜之。陶讀《舜本紀》,言舜孝友事,大愛慕之。又讀《商本紀》"仲虺[huǐ]作誥",因取《尚書》③讀之,至"志自滿,九族乃離",上曰:"微子去之,是也。"

治平四年(1067)正月,上即位。

九月壬寅,以御史中丞司馬光為翰林學士兼侍讀學士。先是,光言張方平④不當參知政事。至是又言:"臣言果是,則方平當罷;若其非是,則臣當遠貶。今兩無所問,而臣復遷⑤翰林,仍加美職,未曉所謂。乞察臣所言是非。"(此奏見《司馬公文集》卷三八《張方平第二劄子》,此處文字多有刪

---

① 王陶(1020-1080),字樂道,京兆萬年(今陝西西安)人。慶曆進士。嘉祐四年(1059)為監察御史里行。仁宗末,贊立皇侄趙宗實(英宗)為皇子。英宗立,遷右司諫、判司農寺,為淮陽王(神宗)府、潁王(神宗)府翊善,知制誥、知永興軍。治平四年(1067)遷御史中丞,旋因奏劾韓琦,出知陳州。熙寧中,入權三司使,為呂公著劾罷。後出知河南府、許州等。事跡詳見《宋史》卷三二九《王陶傳》。

② 即趙顥(1050-1096),字仲明,初名仲紏,英宗趙曙次子,神宗趙頊同母弟,母即宣仁聖烈皇后高氏。初封安樂郡公,進祁國公,再進東陽郡王。神宗即位後,進封昌王。後相繼改封雍王、揚王、冀王、楚王、燕王。徽宗即位,進封吳王。天資穎異,尤嗜學。工飛白,善射,好圖書,博求善本。事跡詳見《宋史》卷二四六《宗室三·吳榮王顥傳》。

③ 《偽古文尚書·仲虺之誥》:"湯歸自夏,至於大坰。仲虺作誥。"仲虺亦稱萊朱,為成湯左相,與伊尹一起輔佐商王。

④ 张方平(1007-1091),字安道,應天宋城(今河南商丘)人。景祐元年(1034),舉茂材異等科,知昆山縣。又中賢良方正科,遷睦州通判。直集賢院,知諫院,論建甚多,主張與西夏講和。累遷御史中丞,改三司使,坐事罷知外州。英宗治平中,召拜翰林學士承旨。神宗即位,除參知政事,反對任用主安石,極論新法之害,數請老,以太子少師致仕。哲宗元祐六年,卒。事跡詳見《宋史》卷三一八《張方平傳》。

⑤ 按,此諸本皆作"還",校以《司馬公文集》所載奏議原文,則當作"遷"。

减)知通進銀臺司①呂公著亦言不當遽罷光中丞,封還制書。上手詔光:"得卿奏,反謂因前日論方平不當,故有易命。此乃卿思之誤,非朕本意也。朕以卿經術行義為世所推,今將開延英之席,比得卿朝夕討論,敷陳治道,以箴遺闕,故命進讀《資治通鑑》。此朕之意,皎然易見也。況命卿之旨在二十六日登對前,苟朕以言事罪卿,豈復遷卿美職? 必諒朕誠,更勿橫慮,可即授告敕。呂公著所以封還者,蓋不知此意耳。俟對日,朕亦當諭旨。"(《通鑑長編紀事本末》卷五八繫此事為九月癸卯,記事較此為簡)

十月己酉,初御邇英閣,召侍臣講讀經史。退,上獨留呂公著,謂曰;"朕以司馬光道德學問,欲常勸講左右,非謂其言事也。"公著復懇奏,遂解銀臺司。

甲寅,司馬光初進《資治通鑑》。上親製《序》,面賜光,令候書成日寫入。又賜潁邸舊書(宋神宗於治平元年進封潁王,此謂其潁王府邸藏書)二千四百二卷。

壬戌,上出知鳳州梁泉(今陝西鳳縣鳳州鎮,宋時梁泉縣即鳳州治所)縣令范亦顏(字聖麟,四川郫縣人,仁宗皇祐進士)所上書及濮廟議②,命邇英閣講讀官定奪,仍宣諭立濮王廟非先帝

---

① 通進銀臺司,官署名。宋代置。原隸樞密院,後改隸給事中,為通進司、銀臺司的合稱。通進司掌接受銀臺司所領天下章奏案牘及文武近臣奏疏進呈,以及頒布之事。銀臺司掌抄錄天下奏狀案牘事目進呈,併發付有關機構檢查,糾正其違失,監督其執行,免致積壓。知司官二人,以兩制以上充任。

② 濮議為英宗一朝大事,是宋英宗時大臣對英宗生父濮安懿王趙允讓應奉典禮的爭議。仁宗死,英宗即位。治平二年(1065)詔議崇奉濮王典禮,司馬光、王珪等以為"為人後者為之子,不得顧私親",當稱皇伯。參知政事歐陽修以為自古無稱生父為伯之理,中書奏應稱皇考,被曹太后詰責。次年,太后手詔,尊濮王為皇、王夫人為后,英宗稱之為親。英宗下詔接受稱親之禮,不受尊為皇、后之旨。仍稱濮王,建園廟。御使呂晦、范純仁、呂大防等以稱親為非,爭論不已,被黜。

本意。先是，七月，亦顏以前嘉州夾江(今屬四川)縣令投
檢[1]上書曰："《中庸》曰'非天子，不議禮'。是禮惟天子
可得而議也。仁宗皇帝無子，子英宗而付以天地之大業，
盛德也。英宗皇帝即大位，服三年，日夜惴慄(恐懼而戰慄)，
恐墜休緒，大孝也。詔議變禮以尊所生，不忘本也。濮安
懿王之於英宗，伯父也，原所生之德，而尊其號，冠之以所
封之'濮'，明止一國，非所以兼天下也。"於是右司諫[2]劉
庠[3]、侍御史[4]張紀(事跡不詳)、殿中侍御史(官名。宋初為寄祿
官，大中祥符五年定制專任，元豐改制後，始正官名，屬御史臺殿院，掌以儀
法糾舉百官違失)張唐英[5]、監察御史裏行(差遣名，宋以寄祿官階
低者為監察御史，稱監察御史裏行)唐淑問[6]等言："亦顏小臣，敢

---

① 投檢，即投書于登聞檢院檢匣，是宋代上書途徑之一。《長編》卷一〇七載：天聖七
  年閏二月癸丑，"置理檢使，以御史中丞為之。其登聞檢院匭函改為檢匣，如指陳
  軍國大事、時政得失，並投檢匣，令晝時進入，常事五日一進。其稱冤濫枉屈而檢
  院、鼓院不為進者，並許詣理檢使審問以聞。"

② 右司諫，官名。宋初承唐制置左、右補闕與左、右拾遺，左隸門下省，右隸中書省。
  端拱元年(988)改左、右補闕為左、右司諫，左、右拾遺為左、右正言。元豐改制前為
  寄祿官，改制後掌規諫諷諭，凡朝政闕失，大臣至百官任用不當，三省至一切官署事
  有違失，都可諫正。淳熙十五年(1188)，復另置左、右補闕與左、右拾遺，旋廢。

③ 劉庠(1023–1086)，字希道，彭城(今江蘇徐州)人。嘉祐二年(1057)進士，英宗求
  直言，庠上書論時事，除監察御史裏行。神宗立，遷右司諫，尋知開封府。論新法，
  不附王安石，拜樞密直學士，知渭州。元祐元年三月卒，年六十四。事跡詳見《宋
  史》卷三二二《劉庠傳》。

④ 侍御史，職事官名。大中祥符五年定制，有專職在本臺掌彈糾公事，並參與推勘臺
  獄。元豐七年二月十七日，以侍御史知雜事為侍御史，則侍御史升為御史臺副貳。

⑤ 張唐英(1429–1071)，字次功，蜀州新津(今屬四川)人。商英兄。慶曆進士，調渝
  州決曹椽，上《興王正議》五十篇。再調歸州獄椽，移穀城令。神宗即位，拜殿中侍
  御史。薦王安石可用，又論宜減宗室侈祿，建言革差役之弊。少刻苦讀書，長於議
  論，有史才，著有《蜀檮杌》等。事跡詳見《宋史》卷三五一《張唐英傳》。

⑥ 唐淑問，生卒年不詳，字士憲，江陵(今湖北荊州)人，名臣唐介長子。第進士，官殿
  中丞。神宗以其家法，擢監察御史里行。後出判復州，久之提點湖北刑獄，言新法
  不便，黜知信陽軍。哲宗立，召為左司諫，以病致仕卒。事跡詳見《宋史》卷三一六
  《唐淑問傳》。

為欺罔，以白為黑，惑亂天聽，詿[guà]誤（貽誤、連累）聖朝，挾邪亂政，漸不可長。”乃降亦顏下縣主簿尉。（此事他書不載）

熙寧元年（1068）四月庚申，翰林學士兼侍講呂公著等言：“竊尋故事，侍講者皆賜坐，自乾興以後講者始立，而侍者皆坐聽。臣竊以謂，侍者可使立，而講者當賜坐。乞付禮官考議。”詔太常禮院①詳定以聞。後判太常寺（差遣名。主掌宋前期太常寺所存職事，即管社稷、武成王廟、諸壇、齋宮及習樂等事）韓維②、刁約③，同知太常禮院④胡宗愈⑤言；“臣等竊謂，臣侍君側，古今之常，或賜之坐，蓋出優禮。祖宗以來，講說之臣多賜坐者，以其敷暢經藝，所以明先王之道，道之

---

① 太常禮院，官署名。唐始置，屬太常寺，有禮院修撰、禮院檢討等官。宋沿置，掌議定禮制。宋代太常禮院置判院、同知院四人，與太常寺事不相兼，侵太常寺職權，專達於上。

② 韓維（1017-1098），字持國，開封雍丘（今河南杞縣）人。韓億子，韓絳弟。以蔭入官。神宗為諸王時，其皆為記室參軍。神宗即位，歷知汝州、權開封府等。熙寧七年（1074），召為翰林學士承旨，力言青苗等新法之弊。以兄絳入相，出知外州。神宗死，參與詳定役法更革，然以為《三經新義》當與先儒之說並行。元祐元年（1086），拜相，旋為忌者所讒，分司南京。久之，以太子少傅致仕。後坐元祐黨，安置均州。事跡詳見《宋史》卷三一五《韓維傳》。

③ 刁約（？—約1032），字景純，丹徒（今江蘇鎮江）人。天聖進士，為諸王宮教授。慶曆初，同知太常禮院，改集賢校理。出為海州通判，歷開封府推官、提點京西刑獄，兩浙轉運使，知越、揚、宣州。熙寧初，判太常寺。與范仲淹、歐陽修、司馬光、王安石、蘇軾等友善，不事干進，為人所愛重。卒，年八十餘。事跡詳見《東坡集》卷三五《祭刁景純墓文》。

④ 同知太常禮院，差遣名。天聖元年罷禮儀院，以知禮儀院官判太常禮院，即以原同判太常禮院官改為同知禮院官。同知院四員，與知院輪值禮院，點檢本院典禮公事。

⑤ 胡宗愈（1029-1094），字完夫，常州晉陵（今江蘇常州）人。嘉祐進士。歷光祿丞、集賢校理、史館檢討、同知諫院，因反對王安石用李定為御史，出通判真州。元祐初進起居郎、中書舍人、給事中、御史中丞，進《君子無黨論》，拜尚書右丞。諫官合攻之，出知陳州，徙成都府，蜀人安之。召為禮部尚書，遷吏部。紹聖元年（1094）罷知定州。事跡詳見《宋史》卷三一八《胡宗愈傳》。

所存,禮則加異。太祖開寶中,李穆薦王昭素於朝,召對便殿,賜坐,令講《易》"乾卦"。太宗端拱中,幸國子監,升輦將出,顧見講坐,因召學官李覺講說。覺曰:'陛下六飛在御,臣何敢輒升高坐?'太宗為之降輦,令有司張帟[yì]幕(帳幕)設別坐,詔覺講《易》之"泰卦"。今列侍之臣尚得環坐,執經而講者,顧使獨立於前,則事體輕重誠為未安。臣等以為,宜如天禧舊制,以彰陛下稽古重道之意。"判太常寺龔鼎臣①、蘇頌②、周孟陽③,同知太常禮院王汾④、劉攽、韓忠彥⑤言:"臣等竊謂,侍從之官見於天子,若賜之坐,有所顧問,猶當避席立語。況執經人主之前,

---

① 龔鼎臣(1010-1087),字輔之,鄆州須城(今山東東平)人。景祐進士,歷知州縣。召入編校史館書籍,擢起居舍人、同知諫院,後出任臺官多年,嘗請汰濫官冗兵,禁奢靡,又累請皇太后還政于英宗。後出知應天府,徙江寧。神宗即位,除判吏部流內銓、太常寺等官,後留守南京,終以知青州提舉亳州太清宮致仕。事跡詳見《宋史》卷三四七《龔鼎臣傳》。

② 蘇頌(1020-1101),字子容,泉州同安(今屬福建)人。慶曆進士。歷仕州縣,有能名。皇祐中,除館閣校勘,同知太常禮院。遷集賢校理,編定書籍。出知潁州,擢三司度支判官。神宗立,召為修起居注,進知制誥,出知婺州。元豐中,召判尚書吏部兼詳定官制。元祐初,除吏部尚書兼侍讀,提舉創制新渾儀,七年拜相,次年罷知揚州。紹聖末致仕。事跡詳見《宋史》卷三四〇《蘇頌傳》。

③ 周孟陽,字春卿,生卒不詳,海陵(今江蘇泰州)人。第進士,為潭王宮教授,諸王府記室,英宗禮重之。及即位,加直祕閣同知太常禮院,遷集賢殿修撰,同判太常寺兼侍讀。神宗立,拜天章閣待制。卒年六十九。事跡詳見《宋史》卷三二二《周孟陽傳》。

④ 王汾,初名元宗,字彥祖,濟州鉅野(今山東巨野)人,王禹偁曾孫。皇祐進士。召試學士院,治平中,為集賢校理、諸王府翊善。後同知太常禮院。元祐中,直祕閣。仕至工部侍郎、寶文閣待制。入元祐黨籍,紹聖四年(1097)落職致仕。事跡詳見《宋元學案》卷九六。

⑤ 韓忠彥(1038-1109),字師樸,相州安陽(今屬河南)人,韓琦子。以蔭入官,復第進士。歷開封府判官、三司鹽鐵判官、外州知州等。元祐四年(1089),召為戶部尚書,擢尚書左丞。次年,同知樞密院事,七年,進知院事。紹聖中,出知外州。徽宗即位,召還拜相。因與右相曾布不協,出知大名府。以鼓吹棄地,一再降官。後以宣奉大夫致仕。事跡詳見《宋史》卷三一二《韓忠彥傳》。

本欲便於指陳，則立講為宜。若謂傳道近於為師，則今侍講，解說舊儒章句之學耳，非有為師之實，豈可專席安坐以自取重也？又朝廷班制，以侍講居侍讀之下，祖宗建官之本意重輕可知矣。今若使侍講輒坐，其侍讀當從何禮？若亦許之坐，則侍從之臣每有進說，皆當坐矣。且乾興以來，侍臣立講，歷仁宗、英宗兩朝，行之且五十年，豈可一旦以為有司之失而輕議變更乎？今人主之待侍臣，由始見以及畢講，皆賜之坐，其尊德重道固已厚於三公矣，尚何加焉？其講官侍立，伏請仍舊。"初，孫奭坐講，仁宗尚幼，跂[qǐ]（古通"企"，踮起）案以聽之，奭因請立講，論者不以為是。王安石①兼侍講，請復乾興以前故事，使預聽者立，亦坐之日少而立侍之日多。於是公著等遂同建明。已而眾議不同，上以問曾公亮，公亮但稱："臣侍仁宗書筵亦立。"後安石因講賜留（指經筵結束后留身奏事，是宋代君臣信息交流的途徑之一），上面諭曰："卿當講日可坐。"安石不敢坐，遂已。

十月壬寅，詔講筵權罷講《禮記》，自今講《尚書》。先是，王安石次未當講，上命安石講，至"曾參易簀"②，安石曰："聖人以義制禮，其詳至于牀第[zǐ]（床上竹編的席）之

---

① 王安石（1021－1086），字介甫，撫州臨川（今江西撫州）人，號半山。慶曆二年（1042）進士，歷仕州縣。嘉祐初入為三司度支判官，上書仁宗，主張變法革新，未被採納。遷知制誥，以母喪去職。神宗即位，起知江寧府，召為翰林學士兼侍講，熙寧二年（1069），拜參知政事，主持變法。次年拜相。七年罷相，出知江寧府。八年復相。九年再罷，出判江寧府。後卒。事跡詳見《宋史》卷三二七《王安石傳》。

② 曾參即曾子（前505－前435），字子輿，春秋魯南武城（今山東費縣西南）人。孔子弟子。易簀，調換寢席。曾參臨終，以寢席過於華美，不合當時禮制，命子扶起易簀。事見《禮記·檀弓上》。

間；君子以仁行禮，其勤見於將死之際。”上稱善。未幾，安石言：“《禮記》所載多駁雜，乞今講《尚書》。”故有是旨。講《甘誓》(《今文尚書》篇名，内容為夏啟討伐有扈氏，在甘地發佈的臨戰誓詞)“予則孥戮(或作奴隸，或加殺戮)汝”。呂公著曰：“古之仕者世禄，若身以罪戮，則子降為皂隸(從事賤役之人)。人失位，死不入兆域(本指墓地四周的疆界，此意為家族墓地)。如此之類，皆恥累其世。父子兄弟罪不相及，賞善及子孫，罪惡止其身，非并殺其子也。”講“天乃錫(即賜)王勇智”(語出《偽古文尚書·仲虺之誥》)。上曰：“何以獨言勇智？”呂公著對：“仲虺方稱成湯能伐夏救民，故以勇智言之。然聖人之德，當如《易》所謂聰明睿智、神武而不殺者，然後可為盡善矣。”(此事見於《宋史全文》卷一一，《宋名臣言行錄後集》卷八，記事皆不如本書詳細)

卷　八

神宗英文烈武聖孝皇帝　下

熙寧二年(1069)九月戊辰,初御邇英閣講讀。

己巳,召御史中丞呂公著來旦赴經筵。公著以臺丞侍講,不兼經筵職,遇講讀即赴。

十一月庚辰,司馬光講《資治通鑑·漢紀》至"曹參①代蕭何為相國,一遵何故規",因言:"參以無事鎮撫海內,得守成之道,故孝惠②、高后③時,天下晏然,衣食滋殖。"上

---

① 曹參(?-前190),泗水沛縣(今屬江蘇)人,早年為沛縣獄吏。秦末從劉邦起兵反秦,屢立戰功。漢朝建立,任齊相國,封平陽侯。協助劉邦平定陳豨、英布等異姓諸侯王。後繼蕭何為漢惠帝丞相,"舉事無所變更,一遵蕭何約束",有"蕭規曹隨"之稱。事跡詳見《史記》卷五四《曹相國世家》。

② 孝惠即漢惠帝劉盈(前210-前188),前195-前188年在位。高祖子,六歲立為太子。生性懦弱,劉邦晚年曾有廢立之意,以大臣反對作罷。即位后大權為其母呂后掌握,因反對呂后毒殺趙王、殘害戚夫人,縱情酒色,不理朝政,憂鬱而亡。

③ 高后即漢高祖皇后呂雉(?-前180),字娥姁,單父(今山東單縣)人。為人殘忍而有謀略,曾助劉邦翦除韓信、彭越等異姓諸侯王。惠帝即位,獨攬大權。惠帝死,臨朝稱制,封諸呂子侄為王侯。前后共掌握政权十六年。死後,諸呂為大臣周勃等誅滅。

曰：“使漢常守蕭何之法，久而不變，可乎？”光曰：“何獨漢也，夫道者，萬世無弊。夏、商、周之子孫，苟能常守禹、湯、文、武之法，雖至今存可也。武王克商，曰：‘乃反商政，政由舊。’（語出《偽古文尚書·武成》）雖周亦用商政也。《書》曰：‘毋作聰明亂舊章。’（語出《偽古文尚書·蔡仲之命》）然則祖宗舊法，何可變也？漢武帝用張湯①之言，取高帝法紛更之，盜賊半天下。宣帝用高帝舊法，但擇良二千石（漢代官員的俸祿等級，內自九卿郎將，外至郡守尉）使治民，而天下大治。元帝初立，頗改宣帝之政，丞相衡②上疏言：‘臣竊恨國家釋樂成之業，虛為此紛紛也。’陛下視宣帝、元帝之為政，誰則為優？荀卿曰：‘有治人，無治法。’（語出《荀子·君道》）故為治在得人，不在變法也。”上曰：“人與法亦相表裏耳。”光曰：“苟得其人，則無患法之不善；不得其人，雖有善法失先後之施矣。故當急於求人而緩於立法也。”

壬午，呂惠卿③講《咸有一德》（《偽古文尚書》篇名）。因

---

① 張湯（？－前115），西漢杜陵（今陝西西安東南）人。因治陳皇后、淮南王、衡山王謀反事得武帝賞識。累遷太中大夫、廷尉、御史大夫。與趙禹編次律令。用法嚴峻苛刻，常以《春秋》之義加以文飾，以皇帝意旨為治獄準繩。曾助武帝推行統一貨幣、鹽鐵專賣、告緡算緡，打擊富商，誅鉏豪強。元鼎二年（前116），受誣自殺。張湯雖用法嚴酷，然清廉自守。事跡詳見《史記》卷一二二《酷吏列傳》。

② 丞相衡即匡衡，字稚圭，東海郡承縣（今山東棗莊南）人，西漢著名經學家、大臣。以射策甲科為太常掌故，調補平原文學。元帝初，為郎中，累遷太子少傅。朝廷每議政事，則附會經義以對。建昭三年（前36）為丞相，封樂安侯。成帝即位，為王尊所劾，不自安，屢辭位，後以多收封地田租廢為庶人。事跡詳見《漢書》卷八一《匡張孔馬傳》。

③ 呂惠卿（1032－1111），字吉甫，晉江（今福建泉州）人。嘉祐進士。歷真州推官、集賢院校勘，才學為歐陽修、曾公亮等所推重。助王安石變法，參與制定青苗、免役、水利等新法，起草奏章；又與王雱同修《三經新義》。王安石罷相，他出任參知政事，繼續推行新法。安石再相，兩人交惡，出知外州。哲宗即位，屢遭貶謫，惟紹聖間曾知延安府。事跡詳見《宋史》卷四七一《奸臣傳一·呂惠卿傳》。

言：“法不可不變，先王之法，有一歲一變者，‘正月始和，置於象魏（宮廷外的闕門，為懸掛法令之處）’是也；有五歲一變者，‘五載一巡守（同巡狩，天子離開國都巡行境內），考制度於諸侯’是也；有一世一變者，‘刑罰世輕世重’是也；有百世不變者，‘父慈、子孝、兄友、弟恭’是也。前日司馬光言漢守蕭何之法則治，變之則亂。臣竊以為不然。惠帝除三族罪（株連三族刑法，三族，一說指父族、母族、妻族；也有是父母、妻兒、兄弟的說法）、妖言令①、挾書律（即秦始皇焚書時實行的一項法令，除官府藏書外，民間只允許保留占卜、種樹之書），文帝除收孥令（即沒收罪犯妻、子為官奴婢的刑令，此令一度廢除後也仍然實行），安得謂之不變哉？武帝以窮兵黷武、奢淫厚斂而盜賊起。宣帝以綜覈名實，而天下治。元帝以任用恭、顯（指當時的弄權宦官弘恭、石顯），殺蕭望之而漢道衰。皆非由變法與不變法也。夫法弊則必變，安得坐視其弊而不變邪？《書》所謂‘無作聰明亂舊章’者，謂實非聰明而強作之，非謂舊章不可變也。光之措意，蓋不徒然，必以國家近日多更張舊政，因此規諷。又以臣‘制置三司條例’（即制置三司條例司，此為神宗熙寧二年新設的行政機構，掌管新法的制訂和頒布）及‘看詳中書條例’（全稱為看詳編修中書門下條例所，熙寧二年置，是為修訂出適應變法需要的中書五房條例所設的機構），故發此論也。臣願陛下深察光言。苟光言為是，則當從之；若光言為非，陛下亦當‘播告之修，不匱厥指’（語出《今文尚書·盤庚下》），召光詰問，使議論

---

① 妖言指以怪誕不經之說詆譭他人的行為。非議皇帝，危害統治的言論，即妖言罪的主要內容。高后元年（前187）、文帝前元年（前179）曾一再下詔廢止，但終漢之世未能盡除，並為其後歷朝所沿襲。

歸一。”

　　上召光前,謂曰:“卿聞呂惠卿之言乎?惠卿之言如何?”光對曰:“惠卿之言有是有非。惠卿言漢惠、文、武、宣、元治亂之體是也,其言先王之法有一歲一變、五歲一變、一世一變則非也。‘正月始和,置於象魏’者,乃舊章也,非一歲一變也。亦猶州長(周代官名,一州之長官,執掌政治教令等)、黨正(周代地方組織長官,轄五百家。五黨為一州)、族師(官名,周代百家為一族,設族師治理政事),於四孟月(每個季節的第一個月)朔,屬民而讀邦法也(此經典依據在於《周禮》),豈得為時變、月變邪?天子恐諸侯變禮易樂,故‘五載一巡守’,有變亂舊章者,則削黜之,非五歲一變法也。‘刑罰世輕世重’者,蓋新國、亂國、平國隨時而用,非一世一變也。且治天下譬如居室,弊則修之,非大壞不更造也。大壞而更造,必得良匠又得美材。今二者皆無有,臣恐風雨之不庇也。講筵之官皆在此,乞陛下問之。三司使①掌天下財,不才而黜可也,不可使兩府(指中書門下與樞密院)侵其事。今為‘制置三司條例司’何也?宰相以道佐人主,安用例②?苟用例而已,則胥史(即胥吏,是朝廷各部門中辦理文書人員)足矣。今為‘看詳中書條例司’何也?”惠卿曰:“司馬光備位侍從,見朝廷事有未便,即當論列。有官守者,不得其守則去;有言責者,不得其言則去,豈可但已(僅此而已,謂不復深究

① 三司使,職事官名。宋承唐末五代之制,以鹽鐵、度支、戶部三部合為三司,經理國家財賦、土木工程、百官俸給的出入,三司使為其長官,位亞執政,號稱“計相”。

② 例,宋代法令名稱。朝廷對某些人、事的處理,為律、令、敕、式所未載,後相繼援用,遂成慣例,經選擇後編人現行條法,與敕有同等效力。在實際應用時,官員經常棄法用例,甚至用例破法。

或就此了事）。"光曰："前者詔書責侍從之臣言事，臣嘗上疏指陳得失，如制置條例司之類盡在其中，未審得進達聖聽否？"上曰："見之。"光曰："然則臣不為不言也。至於言不用而不去，此則臣之罪也。惠卿責臣，實當其罪，臣不敢逃。"上曰："相與共講是非耳，何至乃爾。"王珪進曰："司馬光所言，蓋以朝廷所更之事，或為利甚少，為害甚多者，亦不必更耳。"因目光令退。

　　王珪進讀《史記》，光進讀《資治通鑑》，畢，降階將退，上命遷坐墩［dūn］（坐具）①於閾［yù］（門檻，門下橫木為內外之限）內御榻之前，皆命就坐。王珪禮辭，不許，乃皆再拜而坐。左右皆避去。上曰："朝廷每更一事，舉朝士大夫詢詢皆以為不可，又不能指名其不便者果何事也。"珪對曰："臣疏賤在闕門之外，朝廷之事不能盡知。借使聞之道路，又不能知其虛實也。"上曰："據所聞言之。"光曰："朝廷散青苗錢②，茲事非便。今閭里（即里巷，意指平民聚居之處）富民乘貧者乏無之際，出息錢以貸之，俟其收穫，責以穀麥。貧者寒耕熱耘，僅得斗斛之收，未離場圃，已盡為富室奪去。彼皆編戶齊民，非有上下之勢、刑罰之威，徒以富有之故，尚能蠶食細民，使之困瘁，況縣官督責之嚴乎！臣恐細民將不聊生矣。"呂惠卿曰："司馬光不知此事。彼富室為之則害民，今縣官為之，乃所以利民也。昨者青苗

---

①　按，"墩"字翁校本改為一字上敦下衣，查《宋朝事實類苑》卷一五、《通鑑長編紀事本末》卷五三記此事皆作"墩"。

②　青苗法，"熙豐變法"新法之一，辦法是當青黃不接之際，官貸錢於民，正月放，夏收時收回，五月放，秋收時收回，納息二分。本名常平錢，民間稱青苗錢。

錢令民願取者則與之,不願者不强也。"光曰:"愚民知取債之利,不知還債之害,非獨縣官不彊,富民亦不彊也。臣聞'作法於涼(一說通"諒",信,實;一說作薄解,即不厚道),其弊猶貪;作法於貪,弊將若何?'(此語出自《春秋左氏傳》昭公四年)昔太宗平河東(指宋太宗平定立國今山西地區的北漢政權),立和糴[dí]法(指朝廷出資購買民間糧食),時米斗十餘錢①,草束八錢,民樂與官為市。其後物貴而和糴不解,遂為河東世世患。臣恐異日之青苗,亦如河東之和糴也。"上曰:"陝西行之久矣,民不以為病也。"光曰:"臣陝西人也,見其病不見其利。朝廷初不許也,而有司尚能以病民,況今立法許之乎?"上曰:"坐倉糴米②何如?"王珪等皆起對曰:"坐倉甚不便,朝廷近罷之,甚善。"上曰:"未嘗罷也。"光曰:"今京師有七年之儲而錢常乏,若坐倉,錢益乏,米益陳,奈何?"惠卿曰:"坐倉得米百萬石,則歲減東南百萬之漕(指漕運糧食入京)。以其錢供京師,何患無錢?"光曰:"東南錢荒而米狼戾(因豐産而米多散亂堆積之貌),今不糴米而漕錢(不漕運糧食,改為供銅錢入京),棄其有餘,取其所無,農末(農戶、商人)皆病矣。"侍講吳申③起曰:"光言至論也。"光曰:"此皆細事,不足煩聖慮。陛下但當擇人而任之,有功則賞,有罪則罰,此則陛下職也。"上曰:"然。'文王罔攸兼於庶

---

① 按,《帝學》諸本皆脫"錢"字,今據《蘇軾文集》卷一六《司馬溫公形狀》補。

② 宋代諸軍有餘糧願糴入官,計價支錢,入其米於倉,謂之坐倉。始行于仁宗嘉祐初,熙寧三年(1070)自京師推廣至河北、河東、陝西諸路。南宋繼續實行。初為對軍人的優惠,後成克減月糧的手段。

③ 吳申,字景山,建州甌寧(今福建建甌)人。皇祐進士,累官國子監說書。英宗初,為睦親宅都講,神宗擢為御使,尋知諫院,出知舒州,卒。事跡略見《宋詩紀事補遺》卷一二。

言、庶獄、庶慎,惟有司之牧夫'（語出《今文尚書·立政》）,正謂此也。"上復與眾人講論治道。至晡（即申時,午後三點至五點）後,王珪等請起,上命賜湯。復謂光曰:"卿勿以嚮者呂惠卿之言遂不慰意。"光對曰:"不敢。"遂退。

　　三年（1070）四月癸未,司馬光讀《資治通鑑》漢賈山[①]上疏言,秦皇帝居滅絕之中不自知（事見《資治通鑑》卷一三）。因言:"從諫之美,拒諫之禍。晏子[②]曰:'和與同異,水火、醯醢[xī hǎi]（醯即醋,醢為用肉、魚等製成的醬,因調製肉醬必用鹽醋等作料,故稱）、鹽梅,皆相反之物,宰夫濟（增）其不及,以泄（減）其過'。（事見《春秋左氏傳》昭公二十年）若羹已鹹復濟以鹽,已酸復濟以梅,何可食也？伊尹戒大甲（即太甲）有言'逆於汝心,必求諸道'（語出《偽古文尚書·太甲下》）,人之情誰不欲人順己而惡其逆,惟聖賢知順之損,知逆之益。譬如酒醴雖適口而醉人,藥物雖苦口而除病。是以臣之於君,剛則和之,柔則掖（即掖進,扶持推進）之,明則晦之,晦則明之。非故相反,欲裁其有餘,補其不足,以就皇極耳。若逆己者即黜降,順己者即不次拔擢,則諂諛日進,忠正日疏,非廟社之福也。"上曰:"舜塈[jì]（通"疾",憎恨）讒說殄[tiǎn]行（絕君子之行）,若臺諫欺罔為讒,安得不黜？"光曰:"臣因進讀及之耳,時事臣不敢妄論也。"

---

① 賈山,西漢潁川（今河南禹州）人。曾給事潁陰侯為騎,漢文帝時借亡秦為喻,言治亂之道,又上書諫除鑄錢令等,言多激切。事跡詳見《漢書》卷五一《賈山傳》。

② 晏嬰（前578-前500）,字仲,諡平,又稱晏子。歷任齊靈公、齊莊公、齊景公三朝卿相,輔政長達數十年,長於辭辯,為春秋末著名的政治家、外交家。今存《晏子春秋》一書,一般認為是後人集其言行軼事編成,並非信史。

丁亥，司馬光讀《資治通鑑》漢張釋之①論嗇夫利口②。光曰：“孔子稱‘惡利口之覆邦家’（語出《論語·陽貨篇》）。夫利口何至覆邦家？蓋其人能以是為非，以非為是，以賢為不肖，以不肖為賢。人主苟以是為非，以非為是，以賢為不肖，以不肖為賢，則邦家之覆誠不難矣。”

十年（1077）八月丙午，御邇英閣講《詩》。上問侍講沈季長③曰：“《豐年》言秋冬報，《良耜》何以止言秋報？”（兩詩皆出自《詩經·周頌》，報指祭祀）季長對畢。上又問：“《豐年》不言報上帝，《良耜》何以疊言報社稷？”季長對畢。上曰：“此終始之詩也。”

十月庚辰，侍讀鄧潤甫④、陳襄⑤讀《史記》。因言：

---

① 張釋之，字季，南陽堵陽（今河南方城東）人。漢文帝時，以貲選為騎郎，十年不得調，後補謁者，言秦漢興亡之事稱旨，擢謁者僕射，歷任公車令、中大夫、中郎將等職。後遷廷尉，以執法持平著稱。景帝立，出為淮南相，年老病卒。事跡詳見《史記》卷一〇二《張釋之馮唐列傳》。

② 《史記·張釋之馮唐列傳》載，漢文帝以上林苑虎圈嗇夫能言善對，欲拜嗇夫為上林令。張釋之認為：“夫絳侯、東陽侯稱為長者，此兩人言事曾不能出口，豈學此嗇夫諜諜利口捷給哉。且以任刀筆之吏，吏爭以亟疾苛察相高，然其敝徒文具耳，無惻隱之實。以故不聞其過，陵遲而至於二世，天下土崩。今陛下以嗇夫口辯而超遷之，臣恐天下隨風靡靡，爭為口辯而無其實。且下之化上疾於景響，舉錯不可不審也。”

③ 沈季長（1027—1087），字道源，真州揚子（今江蘇儀征）人。王安石妹婿。舉進士甲科，歷越州司法參軍，南京國子監教授、直講。累遷天章閣侍講，兼集賢校理、管勾國子監公事。出為淮南節度判官。哲宗立，以事謫朝散郎權發遣秀州事。尋卒於官，年六十一。事跡詳見王安禮《王魏公集》卷七《沈公墓誌銘》。

④ 鄧潤甫（1027—1094），字溫伯，建昌（今江西永修西北）人。舉進士，為上饒尉、武昌令。熙寧中為編修中書條例、檢正中書戶房事，遷集賢校理，改知諫院、知制誥，擢御史中丞、翰林學士。有文名，一時製作，獨倚其力。哲宗立，以梁燾劾，出知亳州。哲宗親政，首倡紹述之說。紹聖元年（1094）拜尚書左丞，數月卒。事跡詳見《宋史》卷三四三《鄧潤甫傳》。

⑤ 陳襄（1017—1080），字述古，侯官（今福建福州）人，因居古靈，故號古靈先生，北宋理學家。進士及第，歷官樞密院直學士，知通進銀臺司，提舉進奏院。神宗時為侍御史，論青苗法不便，請貶斥王安石、呂惠卿，出知陳州、徙杭州，後以侍讀判尚書都省事等。元豐三年（1080）卒，年六十四。事跡詳見《宋史》卷三二一《陳襄傳》。

“司馬遷史載秦漢以來君臣事迹，有不足以陳於陛下之前者，如《呂不韋傳》之類是也。”上曰：“若此之類，皆闕之勿讀。”沈季長、黃履①奏：“講《詩》畢，不知進講何經？”上曰：“先王禮樂法度，莫詳於周，宜講《周禮》。”

　　元豐元年（1080）三月辛巳，御邇英閣，沈季長講《周禮》“八法”②。上曰：“或言邦治，或言官治，何也？”季長對畢。上曰：“然。”

　　壬午，侍讀學士呂公著讀《後漢書》畢。上留公著極論治體，至三皇無為之道，釋老虛寂之理。公著問上曰：“此道高遠，堯舜能知之乎？”上曰：“堯舜豈不知。”公著曰：“堯舜雖知之，然常以知人、安民為難，此所以為堯舜也。”上又論前世帝王曰：“漢高祖、武帝有雄材大略，高祖稱‘吾不如蕭何’、‘吾不如韓信’，至張良獨曰‘吾不如子房’，蓋以子房道高，尊之故不名也。”公著曰：“誠如聖諭。”上又曰：“武帝雖以汲黯③為戅［gàng］（忠厚耿直），然不

---

① 黃履（？－1101），字安中，邵武（今屬福建）人。嘉祐進士，調南京法曹。熙寧中，歷知諫院、同修起居注，進知制誥、同修國史。丁母憂，除服，以禮部尚書召還，言閩中鹽法甚便，為鄉論所薄。遷御使中丞。哲宗立，被劾罷知外州。紹聖初，召為御使中丞，上章論司馬光廢新法非是，請黜責元祐舊臣。四年（1097）拜尚書右丞，因救鄒浩，罷知亳州。徽宗立，復舊官，尋罷。事跡詳見《宋史》卷三二八《黃履傳》。

② 《周禮·天官·大宰》載：“以八法治官府：一曰官屬，以舉邦治。二曰官職，以辨邦治。三曰官聯，以會官治。四曰官常，以聽官治。五曰官成，以經邦治。六曰官法，以正邦治。七曰官刑，以糾邦治。八曰官計，以弊邦治。”

③ 汲黯（？－前112），字長孺，濮陽（今河南濮陽西南）人。景帝時，以父任為太子洗馬。武帝時為謁者，遷東海太守，治郡好清靜，不細苛，有治績。召為主爵都尉，列於九卿。為人性倨，敢直諫。又主張與匈奴和親，反對興兵出擊。指責公孫弘、張湯為刀筆吏舞文弄法，阿諛人主。遷為右內史，坐法免官，後召拜淮陽太守，卒於官。事跡詳見《史記》卷一二〇《汲鄭列傳》。

冠則不見。後雖得罪，猶以二千石（漢代官吏秩祿等級，這裡指郡守一職）祿終其身。”公著曰：“武帝之於汲黯，僅能不殺耳。”上又論唐太宗。公著曰：“太宗所以能成王業者，以其能屈己從諫耳。”上臨御日久，羣臣畏上威嚴，莫敢進規，至是聞公著言，竦然敬納之。

丁亥，黃履講“八柄”①。上曰：“坐而論道，謂之三公。而‘八柄’非太宰所得與，何也？”履對畢，上曰：“然。”

辛卯，沈季長講“九賦”②。上曰：“或言‘關市（關口與市場的合稱，意指收取商稅之處）之賦’，或言‘關市之征’，何也？”季長對畢，上曰：“然。”

癸巳，黃履講“九式”③。上曰：“賓客之式次於祭祀，而‘八政’七曰賓④，何謂也？”履對畢，上曰：“然。”

四月丙寅，沈季長講小宰“掌建邦之宮刑（有關宮中官吏的刑法），以治王宮之政令，凡宮之糾禁（糾察違反宮中禁令者）”（語出《周禮・天官・小宰》）。上曰：“政令、糾禁，詳略如何？”季長對畢，上曰：“言‘凡宮之糾禁’，則是不止於王宮，又及於諸侯也。”

---

① 《周禮・天官・大宰》載：“以八柄詔王馭群臣：一曰爵，以馭其貴。二曰祿，以馭其富。三曰予，以馭其幸。四曰置，以馭其行。五曰生，以馭其福。六曰奪，以馭其貧。七曰廢，以馭其罪。八曰誅，以馭其過。”

② 《周禮・天官・大宰》載：“以九賦斂財賄：一曰邦中之賦，二曰四郊之賦，三曰邦甸之賦，四曰家削之賦，五曰邦縣之賦，六曰邦都之賦，七曰關市之賦，八曰山澤之賦，九曰幣餘之賦。”

③ 《周禮・天官・大宰》載：“以九式均節財用：一曰祭祀之式，二曰賓客之式，三曰喪荒之式，四曰羞服之式，五曰工事之式，六曰幣帛之式，七曰芻秣之式，八曰匪頒之式，九曰好用之式。”

④ 《今文尚書・洪範》載箕子為周武王述八政：“一曰食，二曰貨，三曰祀，四曰司空，五曰司徒，六曰司寇，七曰賓，八曰師。”

八月戊辰，黃履講宰夫（官名。天官冢宰的屬官，《周禮》載宰夫職責為掌治朝之法，以正王及三公六卿大夫羣吏之位，掌其禁令）之職，正歲（夏曆正月，亦泛指農曆正月），"書其能者與其良者，而以告於上"（語出《周禮・天官・宰夫》）。上曰："或言'詔王廢置'（協助王處理對官吏的黜罷與提升，此為《周禮》載太宰職責），或言'以官刑（懲治官吏的法則）詔冢宰（官名。《周禮》中為六卿之首，亦稱太宰，主國政治，統理百官）而誅之'，或言'以告而誅之'（報告冢宰加以責罰），或言'以告於上'（以上三事都為《周禮》載宰夫職責，宋神宗疑問在於王、冢宰、宰夫職責不清），何也？"履對曰："詔冢宰者，詔冢宰而已。以告而誅之，以告於上者，或詔王、或詔①王及官長，皆不得專也。"上曰："或三年、或歲終，則書能否告之，以為廢置，此獨於正歲，何也？豈非舊歲之所考，書以告乎？"履曰："然。"

二年（1081）六月辛酉，左諫議大夫安燾②等上諸司式（各部門的辦事法式、法則）。上閱"講筵式"："開講、罷講申中書（指中書門下，是北宋元豐官制改革前的宰相機構）"。上曰："此非政事，何預中書？可刊去之。"

六年（1085）四月壬申，御邇英閣，蔡卞③講《周禮》"司

① 按，省園本、四庫本"詔"作"告"，《長編》卷二九一，元豐元年八月戊辰條，作"包"。
② 安燾，字厚卿，開封（今屬河南）人。嘉祐進士，歷檢正中書孔目房、修起居注、河北路體量安撫使、知審刑院、權三司使等官。元豐六年（1083），同知樞密院。哲宗元祐二年（1087），進知院事。後出入中外。徽宗立，復知樞密院，旋以觀文殿學士知河南。崇寧元年（1102），坐棄湟州，累貶。後還洛，卒，年七十五。事跡詳見《宋史》卷三二八《安燾傳》。
③ 蔡卞（1058-1117），字元度，興化軍仙遊（今屬福建）人。蔡京弟，王安石婿。熙寧進士。歷起居舍人、同知諫院、侍御史。哲宗立，遷禮部侍郎。因元祐更化，連知外州。紹聖元年（1094）為中書舍人，兼國史修撰，四年拜尚書左丞。徽宗時，為諫官所劾，貶官，池州居住。旋起知大名府，擢知樞密院，時京為相，政事時有不協，出知河南。後累遷鎮東軍節度使，卒。事跡詳見《宋史》卷四七二《奸臣傳二・蔡卞傳》。

市”(相關内容見《周禮・地官・司市》,司市即管理市場的官吏之長)。上曰:“先王建官治市,獨如此其詳,何也?”卞對曰:“先王建國,面朝而後市(朝、市即朝廷和市集)。朝以治君子,市以治小人,不可略也。”上曰:“市,衆之所聚,詳於治衆故也。後世治市之法闕①略,今可求而復乎?”卞對曰:“先王之時,有鄉有遂②,有朝有市,其事相須(即相需,互相依存,互相配合)也。”

七年(1086)十二月戊辰,端明殿學士(職名。宋承五代制度,置諸殿學士,出入侍從,以備顧問,無官守,無典掌而資望極高)司馬光上《資治通鑑・五代紀》三十卷。《資治通鑑》自治平三年(1066)置局,每修一代史畢,上之,至是書成,總二百九十四卷,《目錄》、《考異》各三十卷。上諭輔臣曰:“前代未嘗有此書,過荀悦③《漢紀》(東漢末荀悦所著編年體史書,三十卷,記西漢一代史事)遠矣。”輔臣請觀之,遂命付三省,仍令速進入。以光為資政殿學士,降詔獎諭。

臣祖禹曰:“神宗皇帝即位之初,多與講讀之臣論政事於邇英,君臣傾盡無有所隱。而帝天資好學,自強不息,禁中觀書,或至夜分,其勵精勤政,前世帝王未有也。自熙寧至元豐之末,間日御經筵,風雨不易,蓋一遵祖宗成憲,以為後世子孫法也。可不念哉!

---

① 按,省園本、四庫本“闕”作“闚”。

② 此指鄉遂制度,《周禮》載周天子王畿郊内置六鄉,郊外置六遂。諸侯各國亦有鄉、遂,其數因國之大小而有不同,如魯國為三郊(鄉)、三遂。

③ 荀悦(148-209),字仲豫,東漢潁川潁陰(今河南許昌)人。少好學,善《春秋》。漢獻帝時,應曹操徵召,歷任黄門侍郎、累遷秘書監、侍中職。與荀彧、孔融侍講獻帝宮中。獻帝因《漢書》文煩難懂,命其依《左傳》體,成《漢紀》三十篇。荀悦著述頗多,今存除《漢紀》外惟《申鑒》五篇。事跡詳見《後漢書》卷六二《荀悦傳》。

　　臣祖禹拜手稽首曰："三皇之時,至質略矣。伏羲始開人文,神農以下,皆有師。聖人之德,莫大於學。在《易·乾》之六爻,龍德變化,皆聖人也。九二曰'見龍在田',孔子曰:'龍德而正中也,由學以聚之,問以辨之,故天下文明。'九三曰'君子終日乾乾',孔子曰:'進德修業,欲及時也。'至於九五'飛龍在天',則與天地合其德,與日月合其明,與四時合其序,與鬼神合其吉凶。先天而天不違,後天而奉天時。聖人之德,莫盛於此,由學以致之也。九二、九五皆曰'利見大人',蓋非學則不能為大人。故堯舜稽古,垂衣裳而天下治,聖學之要①也。揚雄曰:'學之為王者事,其已久矣。堯、舜、禹、湯、文、武汲汲(心情急切貌),仲尼皇皇(通"惶"),其已久矣。'學始於伏羲,至於成王,《易》《詩》《書》所稱,聖人所述,為萬世法。由漢以下,其道不純,故可稱者鮮。自古以來,治日常少,亂日常多,推原其本,由人君不學也。恭惟本朝累聖相承,百三十有二年,四方無虞,中外底寧(即安寧,安定),動植之類,蒙被涵養,德澤深厚,遠過前世,皆由以道德仁義文治天下,人主無不好學故也。陛下廣覽載籍,歷觀前世創業之主、守文之君,有如祖宗之皆好學者乎?由三王至於五代,治安長久有如本朝之百年太平者乎?今人有寶器,且猶愛惜之,恐其傷缺,況祖宗百三十餘年全盛之天下,可不務學以守之乎?臣又聞,學則必問,問然後為學。《中庸》曰:'君子尊德性而道問學,致廣大而盡精微,極高明而道

---

①　按,《長編》卷四四七,元祐五年八月條,《太平治跡統類》卷一九"要"作"效"。

中庸’,皆所以為天下法也。堯有衢室之問①,舜有總章(天子明堂之西向室)之訪,動必咨於四岳。孔子稱舜之大智曰‘好問’,仲虺戒湯曰‘好問則裕’。學者,聖之先務也;問者,學之大方也。文王詢於八虞(周代八個掌管山澤的官員,皆屬虞官,伯達、伯括、仲突、仲忽、叔夜、叔夏、季隨、季騧)而諮於二虢(指周宗室虢仲、虢叔兄弟),度於閎夭而謀於南宮,諏於蔡原而訪於辛尹,重之以周、召、畢、榮,所以能成其聖也(以上提及諸人皆周初名臣,事見《史記·周本紀》)。武王訪於箕子,成王問於尹佚(亦稱史佚,周初史官),四聖維之,眾賢翼之,是以為太平之天子,能持盈守成,夫豈由他哉?唯彊於學問而已。今臣所錄八篇,上起伏羲,下訖神宗。伏惟陛下憲道於三皇,稽德於五帝,軌儀於三代,法象於祖宗,集羣聖之所行,體乾健之不息,則四海格於泰和,萬年其有永觀矣。臣拜手稽首謹上。(此文《長編》引於卷四四七,元祐五年八月)

---

① 衢室為唐堯徵詢民意之所。《管子·桓公問》:“黃帝立明臺之議者,上觀於賢也;堯有衢室之問者,下聽於人也。”

附　錄

一、文淵閣四庫全書本《帝學》卷首所附
乾隆帝及諸皇子題詩

御製題宋版范祖禹《帝學》

元祐成書心力殫，逮乎嘉定又重刊。欣茲祖禹芸編在，不異九齡金鑑看。務學求師著儀軌，修身蒞政示倪端。知之行矣吾猶恧，絣几寧惟玩古觀。

乾隆乙未孟春

乾隆四十一年九月奉旨，皇子等所和詩著並錄欽此

皇四子臣永珹恭和

儒臣第一妙研殫案，本傳蘇軾嘗稱祖禹為講官第一，仰契皇心論不刊。古鑑炯如著蔡奉，陳編珍越鼎彝看。數千年上窺精蘊，三萬言中得肇端《帝學》共八卷，計二萬九千餘字。幸荷綸音勤染翰奉命子臣永珹等六人各繕一部，豹斑粗識愧童觀。

皇六子臣永瑢恭和

兩閣邇英、延義陳言要義殫，先經繕進後經刊建炎中，禮部尚書謝克家上言請敕祖禹之子宗正少卿冲繕本進覽，嗣祖禹五世孫擇能宰高安，刊置縣齋，嘉定中，戶曹趙汝洋補刊。講筵不愧眉山譽謹案，本傳蘇軾稱祖禹為講官第一，史筆應齊涑水看祖禹進《唐鑑》十二卷，學者有唐鑑公之目。紙墨古香留篋裏，星雲宸藻冠篇端。執中聖學同堯舜，一善兼資備監觀。

皇八子臣永璇恭和

聖學勤師古訓殫，嘉謨有契論寧刊。惟精惟一傳心接，求治求安運掌看。用極先由慎乎德，從長猶念執其端。曲江金鑑編堪續，宵旰堯衷比例觀。

皇十一子臣永瑆恭和

太史編書典制殫，衢州投進溯重刊。如斯方冊真資用，合是巖廊不厭看。祭海三王皆後委，傳薪千古必求端。孤踪銜感應何極按，《宋史》：范祖禹師司馬光不立黨，今日常蒙聖主觀。

皇十二子臣永瑆恭和

臣心克輔主心殫，七百年來義不刊。治要垂為邦國守，幾餘宣示子孫看。校書葉掃循庭際，給札膏焚謹席端奉命敬書成帙，並校其筆誤。天藻輝煌標學鏡，親賢念典仰臨觀。

皇十五子臣永瑢恭和

帝王勤學貴心殫，范氏編摩義不刊。三代規模於古
會，千秋得失在茲看。衡量梨棗稽年表是編刊於宋嘉定辛已，
逮今五百餘年，聲振琳瑯揭簡端書舊入《天祿琳瑯》。今日淵源滙
文府新建文淵、文源、文津三閣貯《四庫全書》，並有御製記，真從學海
得瀾觀。

二、范祖禹主要傳記

（一）《名臣碑傳琬琰之集下》卷十九載《哲宗實
錄·范直講祖禹傳》

元符元年十月甲午，責授昭州別駕，化州安置范祖禹
卒。祖禹，字淳甫，成都華陽人。父百之，太常博士。中
嘉祐八年進士，第授試校書郎、知資州龍水縣。司馬光辟
同編修《資治通鑒》，授承奉郎、試大理評事。坐考別試所
文卷犯仁宗藩邸諱，降遠小差遣，"編修君臣事跡所"奏
留。遷著作佐郎，官制行，易宣德郎。光得請宮祠居洛，
詔以其屬，自隨七年。書成，光因上章稱薦，除秘書省
正字。

哲宗即位，轉承議郎，賜五品服。上疏論喪服之制
曰："先王制禮，以君服同於父，皆斬衰三年，蓋恐為人臣
者不以父事其君，以此管乎人情也。自漢以來，不唯人臣
無服，而人君遂亦不為三年之喪。唯國朝自祖宗以來，外
廷雖用易月之制，而宮中實行三年之喪。且易月之制，前
世所以難改者，以人君自不為服也。今君上之服已如古

典,而臣下之禮猶依漢制,是以百官有司皆已復其故常,容貌衣服無異於行路之人,豈人之性如此其薄哉,由上不為之制禮也。今群臣雖易月,而人主實行喪。故十二日而小祥,期而又小祥,二十四日而大祥,再期而又大祥。夫練祥不可以有二也,既以日為之,又以月為之,此理之無據者也。古者再期而大祥,中月而禫,二者祭之名也,非服之色也,今乃為之慘服,三日而後禫,此禮之不經者也。既除服至葬,而又服之,蓋不可以無服也。祔廟後即吉才八月耳,而遽純吉,無所不佩,此又禮之無漸者也。易月之制,因襲故事,已行之禮不可追也。臣愚以為,宜令羣臣朝服,止如今日,而未除衰,至期而服之,漸除其重者,再期而又服之,乃釋衰,其餘則君服斯服可也。至於禫,不必為之服,唯未純吉以至於祥,然後無所不佩,則三年之制畧如古矣。"

擢右正言。時呂公著為左丞,祖禹引嫌力辭,改著作佐郎、充修《神宗皇帝實錄》檢討官。遷著作郎、兼侍講。上疏太皇太后言:"今祥禫將終,即吉方始,服御器用,內外一新,奢儉之端,皆由此始。臣以為珠璣金玉之飾,錦繡纂組之工,凡可以蕩心悅目者,不宜有加於舊、增多於前也。皇帝方向儒術,親學問,睿質日長,聖性未定,覩奢則奢,覩儉則儉。凡所以訓導聖德,宜動皆有法,不可不慎。若崇儉樸,以輔養皇帝之德,使目不視靡曼之色,耳不聽淫哇之音,非禮不言,非禮不動,則學問日益,聖德日隆,此宗社無疆之福也。"

神宗服除,故事開樂置宴。祖禹又上言:"君子之於喪服，以為至痛之極，不得已而除之。若以開樂故特設宴，則似除服而慶賀，非君子不得已而除之之意也。請罷開樂宴，唯因事則聽樂，庶合先王禮意。”上從之。

擢起居舍人，辭不拜。時以夏暑罷講。祖禹又上疏曰：“當今之務，莫如學問之為急。陛下今日學與不學，系天下他日之治亂，臣不敢不盡言也。陛下如好學，則天下之君子皆欣慕，願立於朝，以直道事陛下，輔助德業，而致太平矣。陛下如不好學，則天下之小人皆動其心，欲立於朝，以邪諂事陛下，竊取富貴，而專權利矣。君子之得位，欲行其所學也；小人之得位，將濟其所欲也。用君子則治，用小人則亂。君子與小人皆在陛下心之所召。臣竊為陛下惜此日月，願以學為急。”

召試中書舍人，又辭不拜。遷右諫議大夫、兼實錄修撰。宰臣蔡確得罪分司南京，祖禹上言：“聖人之道，不過得中。天下之事，不可極意，一時極意，後必有悔。夫用刑寧失於寬，不可失之於急；寧失之於畧，不可失之於詳。自乾興貶丁謂以來，不竄逐大臣六十餘年。且丁謂見在相位，故朝廷有黨，不可不出，今確已罷相數年，陛下所用多非確黨。其有素懷奸心為眾所知者，固不逃於聖鑒。自餘偏見異論者，若皆以為黨確而逐之，臣恐刑罰之失中，人情之不安也。”又因登對勸上以辨邪正，曰：“比年以來，大臣以相容小人為寬，好惡不明，邪正不分，所引進者不盡得人。宰相以進賢退不肖為職，而邪正不分，豈不負國？伏望戒飭大臣，各以公心求賢，多引鯁正之人，以重朝廷，無使小人得位，為他日之患。”諫官言宰相范純仁營救蔡確,乞行罷免。祖禹上言:"議者責純仁政事之失,固宜罷免。當確為相時,純仁流落在外,不聞受確私恩,純仁之進本不由確。朝廷有大誅賞,亦容大臣各出所見議論,難以責其盡同也。"

　　復除中書舍人,又力辭。朝廷遣戶部郎中往京西會計轉運司財用出入之數,祖禹上言:"自來諸路每告乏,朝廷詳酌應副,其餘則責辦於外計。且既委轉運使副以一路財計,而不信其所言虛實,必遣郎官然後可信,是使諸路使者人有不自信之心,每遇闕少,則倚望朝廷遣官會計,愈不自安。欲乞自諸路凡有告乏,專委轉運司會計,保明聞奏。如有不實,即重行黜責,其誰敢妄?今諸路經費所以不足者,由提刑封樁闕額禁軍請受錢帛斛斗,萬數不少。此乃戶部轉運司本分財計,先帝特令封樁以待邊用,今朝廷方務安邊息民,則封樁之法宜悉蠲除。欲乞自熙寧十年初封樁已來已起發上京,及今日已前未起發上京數目,盡以賜尚書戶部、諸路轉運司,以佐經費。"疏奏不報。

　　時方遣都水監李偉分導大河入孫村口歸故道,以解下流之急。偉因欲塞宗城決口,及移深州之費,回大河使歸故道。左相呂大防主其議。祖禹又上疏極言:"河無可塞之理,士大夫亦以為不可塞者十有八九,而偉希合執政,敢肆大言欺罔。朝廷不博謀於眾,即依偉奏。水夫欲官興河役,猶邊臣欲生邊事。監官利於功賞俸給,胥吏利於官物得以為奸,豪民利於貴售稍草,瀕河之民利於聚眾營為。凡言回河之利者,率此輩非為國家計也。"既而遷給事中,猶力言之。及就職,又言:“臣所領工房,今河役不息,工費漸大。臣竊謂功必不可成,恐枉費國財民力。”朝廷卒從其議。

俄聞禁中覓乳媼事,祖禹上疏方勸上進德愛身,又上疏勸太皇太后保護上躬,言甚切直。既而太皇太后命宰臣呂大防諭祖禹,以外議皆虛傳耳。祖禹復上疏:“臣所言皇帝進德愛身,宜常以為戒;太皇太后保護皇帝安身正心,久遠之慮,亦願因而勿忘。今外議雖虛,亦足為先事之戒。臣侍經左右,而有聞於道路,實懷私憂,是以不存形跡,不知忌諱,發於誠心。上不敢避妄言之罪,凡言事於未然,則誠為過;慮及其已然,則又無所及,雖言無益。陛下寧受未然之言,勿使臣等有無及之悔,因聞虛語以為實戒,則四海生靈動植之類永被其福矣。”

《實錄》書成,轉一官,充國史院修撰,改禮部侍郎,遂進翰林侍讀學士、兼知國史院事。又為翰林學士、兼侍講、充官制所編修官。

太皇太后登遐,上親覽庶政。祖禹上言:“此乃宋室隆替之本,社稷安危之基,天下治亂之端,生民休戚之始,君子小人消長進退之際,天命人心去就離合之時也。有敢以奸言惑聖聽者,宜明正其罪。”既而外議洶洶,在位者多自引去。祖禹力陳治道之要,古今成敗與夫小人之情狀,反覆激切,冀以感動上意。章累上,不報,因請外,遂以龍圖閣直學士出知陝州。

紹聖初,言者論祖禹所修《實錄》詆斥先帝,又附會司馬光變更熙豐法,及妄論乳媼、離間兩宮事。初提舉亳州明道宮,繼責授武安軍節度副使、永州安置,再貶昭州別駕、賀州安置,移賓州,再移化州。卒,年五十八。崇寧間,列名黨籍。宣和八年,追復徽猷閣待制。建炎二年,追復龍圖閣學士。子沖、溫。

（二）《宋史》卷三百三十七《范祖禹傳》

祖禹字淳甫,一字夢得。其生也,母夢一偉丈夫被金甲入寢室,曰:"吾漢將軍鄧禹。"既寤,猶見之,遂以為名。幼孤,叔祖鎮撫育如己子。祖禹自以既孤,每歲時親賓慶集,慘怛若無所容,閉門讀書,未嘗預人事。既至京師,所與交遊,皆一時聞人。鎮器之曰:"此兒,天下士也。"

進士甲科。從司馬光編修《資治通鑒》,在洛十五年,不事進取。書成,光薦為秘書省正字。時王安石當國,尤愛重之。王安國與祖禹友善,嘗諭安石意,竟不往謁。富弼致仕居洛,素嚴毅,杜門罕與人接,待祖禹獨厚;疾篤,召授以密疏,大抵論安石誤國及新法之害,言極憤切。弼薨,人皆以為不可奏,祖禹卒上之。

神宗崩,祖禹上疏論喪服之制曰:"先王制禮,君服同于父,皆斬衰三年,蓋恐為人臣者不以父事其君。自漢以來,不惟人臣無服,人君遂不為三年之喪。國朝自祖宗以來,外廷雖用易月之制,宮中實行三年服。君服如古典,而臣下猶依漢制,故十二日而小祥,期而又小祥,二十四日而大祥,再期而又大祥。既以日為之,又以月為之,此禮之無據者也。古者再期而大祥,中月而禫。禫,祭之名,非服之色。今乃為之慘服三日然後禫,此禮之不經者也。服既除，至葬又服之，祔廟後即吉，才八月而遽純吉，無所不佩，此又禮之無漸者也。朔望，群臣朝服以造殯宮，是以吉服臨喪；人主衰服在上，是以先帝之服為人主之私喪，此二者皆禮之所不安也。”

哲宗立，擢右正言。呂公著執政，祖禹以婿嫌辭，改祠部員外郎，又辭。除著作佐郎、修《神宗實錄》檢討，遷著作郎兼侍講。

神宗既祥，祖禹上疏宣仁后曰：“今即吉方始，服御一新，奢儉之端，皆由此起。凡可以蕩心悅目者，不宜有加於舊。皇帝聖性未定，覩儉則儉，覩奢則奢，所以訓導成德者，動宜有法。今聞奉宸庫取珠，戶部用金，其數至多，恐增加無已，願止于未然。崇儉敦樸，輔養聖性，使目不視靡曼之色，耳不聽淫哇之聲，非禮勿言，非禮勿動，則學問日益，聖德日隆，此宗社無疆之福。”故事，服除當開樂置宴，祖禹以為因除服而開樂設宴，則似除服而慶賀，非君子不得已而除之之意，不可。

夏暑權罷講，祖禹言：“陛下今日之學與不學，係他日治亂。如好學，則天下君子欣慕，願立於朝，以直道事陛下，輔佐德業，而致太平；不學，則小人皆動其心，務為邪諂，以竊富貴。且凡人之進學，莫不於少時，今聖質日長，數年之後，恐不得如今日之專，竊為陛下惜也。”遷起居郎，又召試中書舍人，皆不拜。呂公著薨，召拜右諫議大夫。首上疏論人主正心修身之要，乞太皇太后日以天下之勤勞、萬民之疾苦、群臣之邪正、政事之得失，開導上心，曉然存之於中，使異日眾說不能惑，小人不能進。

蔡確既得罪，祖禹言："自乾興以來，不竄逐大臣六十餘年，一旦行之，流傳四方，無不震聳。確去相已久，朝廷多非其黨，間有偏見異論者，若一切以為黨確去之，懼刑罰失中，而人情不安也。"

蔡京鎮蜀，祖禹言："京小有才，非端良之士。如使守成都，其還，當使執政，不宜崇長。"時大臣欲于新舊法中有所創立。祖禹以為朝廷既察王安石之法為非，但當復祖宗之舊，若出於新舊之間，兩用而兼存之，紀綱壞矣。遷給事中。

吳中大水，詔出米百萬斛、緡錢二十萬振救。諫官謂訴災者為妄，乞加驗考。祖禹封還其章，云："國家根本，仰給東南。今一方赤子，呼天赴愬，開口仰哺，以脫朝夕之急。奏災雖小過實，正當略而不問。若稍施懲譴，恐後無復敢言者矣。"

兼國史院修撰，為禮部侍郎。論擇監司守令曰："祖宗分天下為十八路，置轉運使、提點刑獄，收鄉長、鎮將之權悉歸於縣，收縣之權歸於州，州之權歸於監司，監司之權歸於朝廷。上下相維，輕重相制，建置之道，最為合宜。監司付以一路，守臣付以一州，令宰付以一縣，皆與天子分土而治，其可不擇乎？祖宗嘗有考課之法，專察諸路監司，置簿於中書，以稽其要。今宜委吏部尚書，取當為州者，條別功狀以上三省，三省召而察之，苟其人可任，則以次表用之。至官，則令監司考其課績，終歲之後，可以校優劣而施黜陟焉。如此則得人必多，監司、郡守得人，縣令不才，非所患也。"

　　聞禁中覓乳媼,祖禹以帝年十四,非近女色之時,上疏勸進德愛身,又乞宣仁后保護上躬,言甚切至。既而宣仁諭祖禹,以外議皆虛傳,祖禹復上疏曰:"臣言皇帝進德愛身,宜常以為戒。太皇太后保護上躬,亦願因而勿忘。今外議雖虛,亦足為先事之戒。臣侍經左右,有聞于道路,實懷私憂,是以不敢避妄言之罪。凡事言于未然,則誠為過;及其已然,則又無所及,言之何益?陛下寧受未然之言,勿使臣等有無及之悔。"拜翰林學士,以叔百祿在中書,改侍講學士。百祿去,復為之。范氏自鎮至祖禹,比三世居禁林,士論榮慕。

　　宣仁太后崩,中外議論洶洶,人懷顧望,在位者畏懼,莫敢發言。祖禹慮小人乘間害政,乃奏曰:"陛下方攬庶政,延見群臣,此國家隆替之本,社稷安危之機,生民休戚之端,君子小人進退消長之際,天命人心去就離合之時也,可不畏哉?先后有大功于宗社,有大德於生靈,九年之間,始終如一。然群小怨恨,亦為不少,必將以改先帝之政、逐先帝之臣為言,以事離間,不可不察也。先后因天下人心,變而更化。既改其法,則作法之人有罪當退,亦順眾言而逐之。是皆上負先帝,下負萬民,天下之所讐疾而欲去之者也,豈有憎惡於其間哉?惟辨析是非,深拒邪說,有以奸言惑聽者,付之典刑,痛懲一人,以警群慝,則帖然無事矣。此等既誤先帝,又欲誤陛下,天下之事,豈堪小人再破壞邪?"初,蘇軾約俱上章論列,諫草已具,見祖禹疏,遂附名同奏,曰:"公之文,經世之文也。"竟不復出其稿。

祖禹又言："陛下承六世之遺烈，當思天下者祖宗之天下，人民者祖宗之人民，百官者祖宗之百官，府庫者祖宗之府庫。一言一動，如臨之在上，質之在傍，則可以長享天下之奉。先后以大公至正為心，罷安石、惠卿所造新法，而行祖宗舊政。故社稷危而復安，人心離而復合，乃至遼主亦戒其臣勿生事曰：'南朝專行仁宗之政矣。'外夷之情如此，中國之人心可知。先后日夜苦心勞力，為陛下立太平之基。願守之以靜，恭己以臨之，虛心以處之，則群臣邪正，萬事是非，皆了然於聖心矣。小人之情專為私，故不便於公；專為邪，故不便於正；專好動，故不便於靜。惟陛下痛心疾首，以為刻骨之戒。"章累上，不報。

忽有旨召內臣十餘人，祖禹言："陛下親政以來，四海傾耳，未聞訪一賢臣，而所召者乃先內侍，必謂陛下私于近習，望即賜追改。"因請對，曰："熙寧之初，王安石、呂惠卿造立新法，悉變祖宗之政，多引小人以誤國，勳舊之臣屏棄不用，忠正之士相繼遠引。又用兵開邊，結怨外夷，天下愁苦，百姓流徙。賴先帝覺悟，罷逐兩人，而所引群小，已布滿中外，不可復去。蔡確連起大獄，王韶創取熙河，章惇開五溪，沈起擾交管，沈括、徐禧、俞充、种諤興造西事，兵民死傷皆不下二十萬。先帝臨朝悼悔，以謂朝廷不得不任其咎。以至吳居厚行鐵冶之法於京東，王子京行茶法于福建，蹇周輔行鹽法于江西，李稷、陸師閔行茶法、市易於西川，劉定教保甲于河北，民皆愁痛嗟怨，比屋思亂。賴陛下與先后起而救之，天下之民，如解倒縣。惟是向來所斥逐之人，窺伺事變，妄意陛下不以修改法度為是,如得至左右,必進奸言。萬一過聽而復用之,臣恐國家自此陵遲,不復振矣。"又論:"漢、唐之亡,皆由宦官。自熙寧、元豐間,李憲、王中正、宋用臣輩用事總兵,權勢震灼。中正兼幹四路,口敕募兵,州郡不敢違,師徒凍餒,死亡最多;憲陳再舉之策,致永樂摧陷;用臣興土木之工,無時休息,罔市井之微利,為國斂怨。此三人者,雖加誅戮,未足以謝百姓。憲雖已亡,而中正、用臣尚在,今召內臣十人,而憲、中正之子皆在其中。二人既入,則中正、用臣必將復用,願陛下念之。"

時紹述之論已興,有相章惇意。祖禹力言惇不可用,不見從,遂請外。上且欲大用,而內外梗之者甚眾,乃以龍圖閣學士知陝州。言者論祖禹修《實錄》詆誣,又摭其諫禁中雇乳媼事,連貶武安軍節度副使、昭州別駕,安置永州、賀州,又徙賓、化而卒,年五十八。

祖禹平居恂恂,口不言人過。至遇事,則別白是非,不少借隱。在邇英守經據正,獻納尤多。嘗講《尚書》至"內作色荒,外作禽荒"六語,拱手再誦,卻立云:"願陛下留聽。"帝首肯再三,乃退。每當講前夕,必正衣冠,儼如在上側,命子弟侍,先按講其說。開列古義,參之時事,言簡而當,無一長語,義理明白,粲然成文。蘇軾稱為講官第一。

祖禹嘗進《唐鑑》十二卷,《帝學》八卷,《仁宗政典》六卷。而《唐鑑》深明唐三百年治亂,學者尊之,目為"唐鑑公"云。建炎二年,追復龍圖閣學士。子沖,紹興中仕至翰林侍讀學士,《儒林》有傳。

論曰:……祖禹長於勸講,平生論諫不啻數十萬言。

其開陳治道，區別邪正，辨釋事宜，平易明白，洞見底蘊，雖賈誼、陸贄不是過云。

三、文淵閣四庫全書本《帝學》提要

臣等謹案：《帝學》八卷，宋范祖禹撰。祖禹，字淳父，華陽人。嘉祐八年進士，歷官翰林學士，出知陝州，尋謫賓，化而卒。建炎二年，追復龍圖閣學士。事跡具《宋史》。是書乃哲宗元祐初，祖禹在經筵時所進。皆纂輯自古賢君迨宋祖宗務學事迹以勸講，由伏羲迄宋神宗，每條後間附論斷。自上古至漢唐二卷，自宋太祖至神宗六卷，於宋諸帝叙述獨詳，蓋亦本法祖之意以為啟迪也。祖禹初侍哲宗經幄，因夏暑罷講，即上書論今日之學與不學係他日治亂，而力陳宜以進學為急。又歷舉人主正心、修身之要，言甚切至。史稱其在邇英時，“守經據正，獻納尤多”。又稱其“長於勸講，平生論諫數十萬言。其開陳治道，區別邪正，辨釋事宜，平易明白，洞見底蘊，雖賈誼、陸贄不是過。”今觀此書，言簡義明，敷陳剴切，信有不愧史臣所言者。惜哲宗昧於省察，不知學古有獲之義，終致更張初政，國是混淆。而祖禹忠愛之忱，惓惓以防微杜漸為念，其立論可謂深切著明，於帝王典學之旨，實能有所裨益焉。

乾隆四十一年十月恭校上。

總纂官：臣紀昀、臣陸錫熊、臣孫士毅

總校官：臣陸費墀

四、唐士耻《靈巖集》卷三《〈帝學〉序》

《帝學》一書，乃元祐五年侍講范祖禹所上也。維祖禹純儒碩學，究心致主之術，謂夫尊臨六幕，統理萬幾，自非講習古初，不忘龜鑑，盍臻盡善之域？是用稽參前牒，萃合往行，上繇畫易之日，近底元豐之年，凡宸心緝熙、經幄紳繹之故，悉歸會輯，為書八卷，寘之淵雇，用宏端緒，日新益明之理，舍是殆無他歧，厥旨深矣。有天資有人力，天資至矣，而人力或有愧焉，必歉然於中，要使人力足以濟其天資，則乾坤無不全之功，神聖有蔑加之德。今夫一介之士不敢自棄自怠，必思夫修省之方、琢磨之術，以無愧乎降衷之善，受中之粹，矧夫居四海之上，為萬乘之尊，予奪自我，維持自我，舉一政可以厚八紘，修一德可以倡萬姓，其可釋師古之道，去正心之理，以一聽之天哉！此《帝學》之書不可不作也。上考古昔，由伏羲以來，書契以降，孰不以學為先務？堯舜禹相踵而作，語其德，一曰稽古，二曰稽古，形之典謨，垂為軌範，皆學力也。文武並興，百年一轍，播之《雅》、《頌》，亦學力也。從漢而降，猶是物爾。惟我本朝累聖相承，崇儒尊經，超軼近古，盛治所就，奚止四三王而六五帝哉！惟我哲宗皇帝接千歲之統，膺鼎來之年，自修切磨之道，舍學將安取哉！祖禹獲侍經帷，夙夕孜孜，謂無以開萬里之塗，則燕轍越舸，莫知所適，一木之本不正，則他日之厚薄纖宏殆未可知也。職在太史，縑冊之存可稽也；責在進德，古昔之善可舉也。

吾非侵官而離局也,吾非强聒以自誇也,事當其宜,而言
有其要也。且一言可也,而至於八卷之博,祖禹之心切
矣。《說命》有篇,敬之有什,商宗周后,用以立德,用以保
治,視祖禹之書一轍也。祖禹蓋嘗輯仁皇之懿法以為《訓
典》一書,又嘗預司馬光《通鑑》之編,一一者足以明烈祖
監微惡,有補一時,有補來者,蓋不止《帝學》一書而已。
然而《帝學》獨能開端倪,澄其源,正其本,使不哆不異,後
世之君苟知所以尊用崇信以競競業業,日昃夜分以深察
吾心,博觀物理,參之前言往行,淑夫一身,淑夫天下,後
世其用可勝殫哉,其盛可容言哉! 夫洙泗相與漸摩,不一
而足,《魯語》一書成於門弟子,獨以"學、習"冠篇,蓋聖
門正傳必自是始,祖禹其有以脗合也夫!

五、後代續作、擬作

1. 宋·李埴《續帝學》一卷
《宋史》卷二〇三《藝文二》:李埴《續帝學》一卷。[①]
2. 宋·常挺《帝學發題》
《宋史》卷四二一《常挺傳》:兼侍讀權禮部尚書兼同
修國史、實錄院同修撰,進《帝學發題》。
3. 宋·龍崇《帝學增釋》二百卷
《(雍正)江西通志》卷七六《人物十一·吉安府二》:

---

① 按,王應麟《玉海》卷二十六"元祐《帝學》、嘉定《續帝學》"條載:"嘉定十一年,記
注之臣(李埴)紀五宗之懿,續祖禹之書為十卷,有詔《通鑑》徹章進讀。十二年
(己卯歲)五月丁未,竟峽。癸亥,賜燕講官,請宣付史館,從之。"

龍升之(崇),永新人。嘉定鄉舉。陳愷帥九江,禮聘任以事,遂建城永新之議。奏名,調臨川戶曹。預修《中興政要》,書成,除福建節幹,在幕修《帝學增釋》二百卷。

4. 宋·曹彥約《經幄管見》四卷

《四庫全書總目》:是書蓋彥約侍講筵時所輯,皆取《三朝寶訓》反覆闡明以示效法,蓋即范祖禹《帝學》多陳祖宗舊事之義。

5. 明·尹直《明良交泰錄》十八卷

《四庫全書總目》:書中皆援引經史附以論斷。一卷《易》三篇,《書》十二篇。二卷《詩》五篇,《春秋傳》五篇,《禮記》二篇,《孔子》三篇,《孟子》五篇。三卷以下,則備述歷代君臣問答之語,治忽興衰之故,始自漢高,迄明孝宗,而明事當古事二之一。蓋亦范祖禹《帝學》多述宋代祖宗之意。

6. 明·明景帝《君鑒》五〇卷

《續文獻通考》卷一七八《經籍考·子》:臣等謹案,是書成于景泰四年,有景帝自製序,亦分善可為法,惡可為戒二類,與宣宗《臣鑒》相同,而自二十九卷至三十五卷,皆紀明祖宗之事,則用范祖禹《帝學》例也。

六、歷代著錄

1. 宋·晁公武《郡齋讀書志》卷第十

《帝學》十卷　　右皇朝范祖禹編纂自古賢君下迄祖宗務學事跡為一編,以勸講。淳夫,元祐時在講筵八年。

詰旦當講,前一夕,正衣冠,儼然如在上前,命子弟侍坐,先按講其說。平時語若不出諸口,及當講,開列古議,仍參之時事以為勸戒,其音琅然,聞者興起。東坡常曰:"淳夫講書,言簡義明,粲然成文章,為今講官第一。"

2. 宋·尤袤《遂初堂書目》

儒家類　帝學

3. 宋·陳振孫《直齋書錄解題》卷九"儒家類"

《帝學》八卷　　侍講成都范祖禹淳父元祐中編集,上自三皇五帝,迄於本朝神宗,凡聖學事實皆具焉。

4. 元·馬端臨《文獻通考》卷二一○"經籍考三十七"

《帝學》十卷(下引晁公武、陳振孫之說,此略)

5. 元·脫脫《宋史》卷二○三"藝文四·子類"

范祖禹《帝學》八卷

6. 明·孫能傳《內閣藏書目錄》卷四

《帝學》二冊全　　宋范祖禹輯,上起伏羲,下訖宋神宗,凡八篇,皆帝王之學也。元大德間,雲謙校刻。

7. 明·焦竑《國史經籍志》卷四"子類"

《帝學》十卷　范祖禹

8. 明·柯維騏《宋史新編》卷四八"藝文二"

范祖禹《唐鑑》十二卷,又《帝學》八卷

9. 明·陳第《世善堂藏書目錄》卷上

《帝學》十卷　范祖禹

10. 明·楊士奇《文淵閣書目》卷一"黃字號第三廚書目·經濟"

《帝學》一部一冊　　《帝學》一部一冊

11. 清·永瑢《四庫全書總目》卷九十一《子部··儒家類一》

《帝學》八卷內府藏本，宋范祖禹撰，祖禹有《唐鑑》已著錄。是書元祐初祖禹在經筵時所進，皆纂輯自古賢君迨宋祖宗典學事迹，由伏羲迄宋神宗，每條後間附論斷。自上古至漢唐二卷，自宋太祖至神宗六卷，於宋諸帝敘述獨詳，蓋亦本法祖之意以為啟迪也。祖禹初侍哲宗經幄，因夏暑罷講，即上書論今日之學與不學，係他日治亂，而力陳宜以進學為急。又歷舉人主正心、修身之要，言甚切至。史稱其在邇英時，“守經據正，獻納尤多”。又稱其“長於勸講，平生論諫數十萬言，其開陳治道，區別邪正，辨釋事宜，平易明白，洞見底蘊，雖賈誼、陸贄不是過”。今觀此書，言簡義明，敷陳剴切，實不愧史臣所言。雖哲宗惑於黨論，不能盡用祖禹之說，終致更張初政，國是混淆。而祖禹忠愛之忱，惓惓以防微杜漸為念，觀於是書千載猶將見之矣。

12. 清·紀昀等《四庫全書簡明目錄》卷九“子部一·儒家類”

《帝學》八卷，宋范祖禹撰，乃元祐初祖禹在經筵所進，皆纂輯自古帝王及宋代祖宗典學事迹，亦間附論斷。由伏羲至唐僅二卷，由宋太祖至神宗乃至六卷，蓋缕陳家法以勸繼述之意也。

13. 清·于敏中等《天禄琳琅書目》卷二“宋版史部”

《帝學》一函四冊

　　宋范祖禹編,八卷。《宋史》:祖禹,字淳甫。神宗時進士甲科,從司馬光編修《資治通鑑》,書成,光薦為祕書省正字。哲宗元祐初,擢右正言,尋改著作郎兼侍講。在講筵八年,蘇軾稱為講官第一。嘗進《唐鑑》十二卷,深明唐三百年治亂,學者尊之目為"唐鑑公"。是書亦同時所進,書後有嘉定辛巳,青社齊礪《跋》,載祖禹五世孫擇能宰高安,刊置縣齋,未幾散逸,戶曹玉牒汝洋一日訪得元本,俾鋟木以永其傳云云。考《宋史·宗室世系表》,汝洋為太宗長子漢王元佐八世孫,齊礪無考。按《赤城志》有齊碩者,青社人,以宣教郎知台州,則礪當屬其雁行也。詳閱是書,楮墨精好,洵屬嘉定時所重刊者。

　　御題:此宋學士范祖禹編輯進上乙覽元本也,成於元祐戊辰,重刊於嘉定辛巳。藏弆御府有年,每於幾餘展閱,不特芬流楮墨,足備石渠、東觀之遺。而自宓羲迄宋,凡帝王務學求師之要,燦然眉列,實為千秋金鑑。董子有言:"彊勉學問,則聞見博而知益明。"因題卷首以志自勖云。乾隆甲子重九前一日。

　　鈐寶二:曰"稽古右文之章",曰"乾隆宸翰"。

　　又御題:元祐成書心力殫,逮乎嘉定又重刊。欣茲祖禹芸編在,不異九齡金鑑看。務學求師著儀軌,修身苾政示倪端。知之行矣吾猶慭,綈几寧惟玩古觀。乙未新正再題。

　　鈐乾隆雙璽。

　　明吳寬藏本。寬字原博,長洲人,成化八年會試、廷試皆第一,授修撰,累官至禮部尚書。卒,贈太子太保,諡文定。籤書堂印無考。

14. 清·于敏中等《天禄琳琅書目》卷八“明版史部”

《帝學》一函二冊

宋范祖禹編，八卷，前齊礪序。

前宋版已有是書，卷帙並同。

本朝何焯藏本，有印記。焯字屺瞻，長洲縣人，翰林院編修，贈侍讀學士。

15. 清·彭元瑞等《天禄琳琅書目後編》卷五

《帝學》一函四冊

宋范祖禹撰。祖禹，字夢得，又字淳父，華陽人。舉進士甲科，官翰林學士撰此書進哲宗，詳《宋史》本傳。八卷。前有嘉定辛巳齊礪《序》，稱祖禹五世孫擇能宰高安，刊置縣齋，未幾散逸，戶曹玉牒汝洋得元本鋟木。是再刻本也。汝洋太宗八世孫，楚王元佐之後，見《宋史·宗室表》。又有謝克家建炎四年奏取書劄子。

泰興季氏藏本。

16. 清·慶桂《國朝宮史續編》卷七十九

明版《帝學》八卷

17. 清·慶桂《國朝宮史續編》卷八十

宋版《帝學》八卷，重本凡三部

18.《欽定續通志》卷一百六十“藝文畧·諸子第六”

《帝學》八卷，宋范祖禹撰

19. 清·陸心源《皕宋樓藏書志》卷三十九“子部”

《帝學》八卷舊抄本

宋左朝散郎、試給事中兼侍講、充實錄修撰兼國史院修撰、輕車都尉、賜紫金魚袋臣范祖禹上進。

　　《帝學》一篇，元祐中，太史范公勸講金華，撮取帝王務學求師之要，自宓羲迄于我宋，釐為八卷上之。玉音嘉納，緝熙光明，於斯為盛。其五世孫擇能宰高安，刊置縣齋，未幾散逸，戶曹玉牒汝洋一日訪得元本，因俾鋟木以補道院之闕，庶永其傳。嘉定辛巳季夏望日，青社齊礦書。

　　建炎四年七月日，朝散大夫、試禮部尚書臣謝克家等劄子奏：臣等伏見故翰林學士范祖禹當元祐中，終始實在經筵，所著《唐鑑》既已進御外，有《仁皇訓典》及帝學二書，有益治道，可備睿覽。今祖禹之子，前宗正少卿沖寓居衢州，伏望聖慈下本州給以筆札，令沖勘讀投（下缺）。

　　20. 清·丁仁《八千卷樓書目》卷十"子部"
　　《帝學》八卷，宋范祖禹撰，影宋抄本。

　　21. 民國·葉德輝《書林清話》卷三
　　嘉定辛巳十四年，高安縣齋刻范祖禹《帝學》八卷，見《天祿琳琅後編》五（宋活字本）

　　22. 民國·傅增湘《藏園群書經眼錄》卷七"子部一"
　　《帝學》八卷宋范祖禹撰
　　明刊本，十行十九字，版心下方有"省園藏板"四字。

圖書在版編目（CIP）數據

帝學校釋/（宋）范祖禹撰；陳曄校釋.
--上海：華東師範大學出版社，2015.8
（中國傳統·經典與解釋）

ISBN 978-7-5675-3607-4

I. ①帝… II. ①范… ②陳… III. ①政治思想史-中國-古代
②《帝學》-注釋 IV. ①D092.2

中國版本圖書館 CIP 資料核字（2015）第 106637 號

VI HORAE

華東師範大學出版社六點分社

企劃人　倪爲國

典籍校釋

帝學校釋

撰　　者	（宋）范祖禹
校 釋 者	陳　曄
責任編輯	陳廷燁　彭文曼
封面設計	吳元瑛

出版發行　華東師範大學出版社
社　　址　上海市中山北路 3663 號　　郵編　200062
網　　址　www.ecnupress.com.cn
電　　話　021-60821666　　行政傳真　021-62572105
客服電話　021-62865537　　門市（郵購）電話　021-62869887
地　　址　上海市中山北路 3663 號華東師範大學校内先鋒路口
網　　店　http://hdsdcbs.tmall.com
印 刷 者　上海印刷（集團）有限公司
開　　本　890×1240　1/32
插　　頁　2
印　　張　6
字　　數　100 千字
版　　次　2015 年 8 月第 1 版
印　　次　2015 年 8 月第 1 次
書　　號　ISBN 978-7-5675-3607-4/D.188
定　　價　35.00 圓

出 版 人　王　焰